M 1085

(Par Jean Toland, d'après Barbier)

15983

RELATION DES COURS DE PRUSSE ET DE HANOVRE,

Avec les Caractéres des principales Personnes qui les composent :

Envoïée à une Personne de consideration en Hollande.

Traduite de l'Anglois de J. T.

(Jean Toland)

m. 1085

BIBLIOTHECÆ R

A LA HAYE,

Chez THOMAS JOHNSON, Marchand Libraire, dans le Pooten.

M. DCCVI.

LE LIBRAIRE AU LECTEUR.

LA lecture des Relations seroit sans contredit la plus agréable de toutes les Lectures, & peut-être la plus utile, si ceux qui nous les donnent se faisoient une régle de raporter naturellement, & sans éxagération, ce qu'ils ont vû dans les diférens Païs où ils ont voïagé. Mais soit que pour s'épargner la peine d'éxaminer les choses par eux-

eux-mêmes, ils aîment mieux s'en tenir à ce que les autres leur en disent, soit que pour se rendre plus agréables, ils s'imaginent devoir répandre du merveilleux dans tous leurs Ecrits, il arrive souvent qu'ils nous débitent les Fables les plus extravagantes pour des véritez certaines, sur tout s'ils nous parlent d'un Païs fort éloigné du nôtre. Il semble que, pour se dédommager en quelque maniére des fatigues qu'ils ont souffertes, ils veüillent nous faire admirer tout ce qu'ils ont vû, en nous persuadant que nous n'avons rien chez nous qui en approche. C'est une plainte qu'on fait depuis long-tems contre la plûpart des Voyageurs. Celui qui est

est Auteur du Livre dont on donne ici la Traduction, ne mérite assurément pas ce réproche. Bien loin d'éxagérer, il semble qu'il ait évité trop scrupuleusement de raporter plusieurs choses qui sont véritables, mais qui auroient peut-être paru incroïables à de certaines gens, qu'un faux préjugé empêche de croire ce qu'ils n'ont pas vû eux-mêmes. Plusieurs personnes que j'ai priées d'éxaminer cette Rélation, m'ont assuré qu'elle est très sincére, & que tout ce qu'ils y trouvent à redire, c'est que l'Auteur ait omis plusieurs particularitez très curieuses, soit qu'il n'en ait pas été instruit, soit qu'éfectivement il ait été rétenu par le motif dont je viens de parler.

Ces mêmes personnes m'ont aussi averti qu'il s'est mépris à la p. 58. l. 20. où il dit que la premiére Femme du Roi de Prusse étoit de la Maison de Bareith. Cette Princesse étoit de la Maison de Hesse-Cassel. Il s'est aussi trompé dans l'étenduë qu'il donne aux Etats de Sa Majesté; puisqu'il est certain qu'il omet la Prusse toute entiére qui en fait une partie très considérable. Au reste on n'a rien changé de ce que l'Auteur a dit de la Reine de Prusse, quoi que cette Princesse soit morte depuis. Voilà tout ce que j'avois à dire sur ce petit Ouvrage qui ne peut pas manquer de plaire à ceux qui aiment la vérité toute nuë.

RELATION

Envoyée de Berlin à la Haye le 18. d'Août N. S. 1702.

LA Raiſon qui nous défend de flater le Vice, nous oblige indiſpenſablement de rendre juſtice à la Vertu, en tout tems, & en tous lieux. C'eſt pourquoi un homme qui a le bonheur d'être né dans un Païs libre, ne doit jamais apréhender la critique des envieux, ou de ceux qui ſont intéreſſez dans ce qu'il dit, non plus que l'indignation des Princes ou de leurs Miniſtres; pourvû qu'il prouve tout ce qu'il avance par des Faits ſi inconteſtables & ſi importans, qu'il n'ait pas beſoin

 de

de son adresse pour les faire valoir, & qu'il ait la précaution de raporter ces Faits d'une maniére qui convienne à son sujet, sans perdre le respect qui est dû aux personnes dont il parle. Telle étant la disposition où je me trouve, éxemt de crainte & resolu de rendre à chacun ce qui lui est légitimement dû, vous devez vous attendre, Monsieur, à de certaines reflexions, ou remarques qui ne seront pas du goût de tout le monde. Ce qui me console, c'est qu'assurément elles ne sont pas hors de propos, & que je me flate qu'elles pouront vous plaire. Lors que j'eus l'honneur de prendre congé de vous, je vous promis de vous envoyer quelques Remarques sur les Etats du Roi de Prusse, sur son Gouvernement, sur sa Cour, & enfin sur le grand nombre de ses Bâtimens. C'est ce que je vais faire aujourd'hui d'une maniére assez générale, vous priant de vous en contenter, jusques à ce que je puisse entrer dans un plus grand détail

détail, ce que je ne manquerai pas de faire lors que je ferai mieux instruit, & que j'aurai moins d'occupation.

Avant toutes choses, il faut que je réponde à ce qu'il vous a plû de me demander en dernier lieu, *Pourquoi les Auberges & les Cabarets qu'on trouve sur la route, dans la Westphalie & dans quelques autres Païs d'Allemagne sont si mal pourvûs de lits, de provisions, & de la plûpart des choses les plus nécessaires pour la commodité des Voïageurs.* La raison de cela est, que le Païs n'est pas à beaucoup près si peuplé qu'en Angleterre ou en Hollande, & qu'on y voïage beaucoup plus rarement. Chez nous, les Villes, Bourgs, & Villages étant si proches les uns des autres, il y a toûjours un grand nombre de personnes qui vont & viennent. Le voisinage même est une espéce d'amorce qui fait que, sans aucune affaire, on sort volontiers de sa maison; à quoi il faut ajoûter qu'à cause du commerce, les chemins sont toûjours remplis d'une foule de gens, qui ne peuvent se passer les uns des autres. Deplus nos Coches, nos Chariots, nos Barques, & nos autres voitures étant non seulement très bien reglées, mais encore, pour l'ordinaire, remplies de monde, il n'est pas étonnant que les Hotéliers soient soigneux de se pourvoir de tout ce qui peut contribuer au besoin, à la commodité, & même au plaisir des personnes qui voïagent, de quelque rang & condition qu'elles soient, puis qu'ils sont assurez de retirer leur argent débourcé, avec un profit considérable. Et s'il arrivoit quelquefois, comme cela est possible, qu'il n'y eût pas assez de Compagnie pour pouvoir manger tout ce qu'ils ont aprêté, ils n'en seroient pas plus embarrassez pour cela, & ils n'y perdent rien. Car outre ce qu'il leur en faut pour la nourriture de leur propre famille, & ce qu'ils en peuvent vendre à ceux de leurs voisins qui ne ne font pas riches, ils ne manquent pas de se faire bien rembourcer par les premiers qui viennent; & assurément il n'y a point de gens au monde qui pratiquent mieux cette maxime que les Hoteliers Anglois & Hollandois.

Il s'en faut beaucoup que les choses ne soient sur le même pié dans ces endroits de l'Allemagne dont vous m'avez parlé. La cinquiéme partie du Païs n'étant pas peuplée; n'y aïant que peu ou point de commerce, & le nombre des voïageurs étant très petit, il n'y a pas assez de gain à attendre, pour que les Hoteliers puissent se resoudre à fournir leurs maisons de lits, ou autres meubles, ni à faire amas de bonnes provisions, & encore moins à aprêter un seul morceau de mangé d'avance. De sorte qu'on est heureux si on peut trouver de la paille nette pour se coucher, quoique sans draps ni couvertures; & on n'a pas sujèt de se plaindre d'être obligé de se passer d'assiettes, de fourchettes, & de serviet-

 tes,

tes, pourvû qu'on trouve quelque chose à manger. Il faut se consoler d'être logé en même lieu avec les vaches, avec les pourceaux, & avec la volaille; & d'entrer dans le logis par l'endroit qui sert de passage à la fumée; car il n'y a point d'autre cheminée que la porte; ce qui fait ordinairement dire aux Etrangers, qu'en Westphalie, on entre dans la maison par la cheminée. Si cela est incommode, ils en retirent au moins cèt avantage, que leur bœuf fumé & leurs jambons sont excellens & très bien préparez; car le Foïer étant sur le derriére de la maison, il faut nécessairement que la fumée se répande par tout, avant que d'arriver à la porte; ce qui rend tout ce qui est dans le logis d'une couleur roussâtre, sans en excepter même les mains & le visage du commun Peuple. C'est ainsi que ce que nous attribuons souvent à industrie, est simplement un effet de l'ignorance ou du hasard. Mais pour revenir à la mauvaise chére que

que l'on fait, & au peu de commoditez que l'on a dans les Hôtéleries de la Westphalie, j'ajouterai que ce qui y contribuë encore, c'est qu'on ne peut pas compter sur l'arrivée des personnes de qualité qui y voïagent, parce qu'ils ont, pour la plûpart, leurs propres relais; & que ceux qui se servent des chariots de poste, font ordinairement peu de dépense. Que s'il y avoit plus de voïageurs, ou que le tems de leur arrivée fût en quelque façon réglé, je ne doute aucunement qu'ils n'y fussent traitez, à proportion, aussi bien que chez nous. Et c'est ce qui arrive effectivement dans tous les lieux de l'Allemagne où le Païs est plus Peuplé & plus frequenté. Mais en ce cas, il y fait plus cher vivre que dans les endroits qui sont moins habitez. De cette difference de prix, on ne doit pas inférer que le Païs soit moins fertile, ou que les choses nécessaires à la vie y soient moins abondantes. Vous savez mieux que moi, Monsieur, que la cherté de certaines denrées n'est pas toûjours tant une marque de leur rareté, que de l'abondance de certaines autres choses, & principalement de la grande quantité de monde, & d'argent.

Comme j'ai dessein de ne vous informer précisément que des choses, sur lesquelles vous souhaitez d'être éclairci, je ne vous dirai point si l'on doit attribuer ce grand manque d'Habitans, & la privation de tous les avantages qu'on aquiert par l'industrie, qui en est une suite nécessaire, à la stérilité du Païs, qui n'est pourtant pas le plus mauvais que j'aye vû, puisque le Terroir en est beaucoup plus fertile, & mieux arrosé que celui d'Ecosse; ou si on doit attribuer cela au Gouvernement arbitraire des Souverains, qui n'aïant point d'autre soin que celui de s'enrichir, se mettent fort peu en peine de procurer le bonheur & la commodité de leurs Sujèts; & qui par conséquent n'ont aucune con-

connoiſſance des affaires du commerce, de la culture des Terres, & de l'Economie politique. De vous dire laquelle de ces deux choſes eſt cauſe que le Païs eſt ſi peu peuplé, ou de décider que l'une ou l'autre en eſt la véritable raiſon, ſeroit à moi une préſomption impardonnable, puiſque ce ſeroit vouloir enſeigner à une perſonne beaucoup plus habile que moi, & dont je ferai toûjours gloire de ſuivre les déciſions, comme la regle infaillible de ce que je dois croire.

Pour ce qui regarde les Voleurs de grand chemin, les moïens dont on s'eſt ſervi pour en afranchir ces Païs, & les Reglemens qu'on a faits, pour les empêcher d'y rentrer, j'aurai l'honneur de vous en entretenir une autre fois, & de vous dire ce que j'en penſe. Preſentement je vais vous parler d'une choſe que je ſai vous tenir plus à cœur, & vous communiquer ce que j'ai pû remarquer des Etats, & de la Cour de Sa Majeſté le Roi de Pruſſe. Je puis dire avec vérité, que sans être obligé de s'informer de qui que ce soit, un Voïageur peut connoître par des marques très sensibles, les Païs de ce Monarque, aussi-tôt qu'il y entre. Les grands chemins y sont mieux entretenus qu'en aucun autre lieu; les Postes y sont mieux réglées, les voitures publiques y font plus de diligence; & par tout où les chemins se partagent, on y a élevé de grands piliers avec autant de bras qu'il y a de chemins. Sur ces bras on a mis en gros caractére gravé, ou peint le nom du prochain Relais, & le nombre des Miles dont il est éloigné, & par là on peut voir aussi le nombre de celles qu'on a faites depuis le dernier Relais. Cette méthode est éxactement observée dans tous les Etats de Sa Majesté, qui sont en si grand nombre & d'une si grande étenduë, que depuis Cleves, sur vos Frontiéres, ils traversent tout l'Empire jusqu'au Roïaume de Pologne. Etant venu à Berlin, cette année, par le le chemin de Hambourg, & y étant arrivé la précédente par celui de Hanovre, j'ai eu occasion de voir non seulement Halberstat, Magdebourg, & Brandebourg, mais aussi plusieurs autres Villes moins considérables, & des Bourgs & Villages sans nombre. Dans tous ces differens lieux, j'ai remarqué qu'outre que les chemins y sont parfaitement bien entretenus, les Eglises de la Campagne, aussi bien que celles des Villes sont en meilleur état qu'en aucun Païs où j'aye jamais été, étant pour la plûpart enduites de bon ciment, depuis peu, & blanchies ou ornées de quelque autre maniére; leurs cimetiéres sont environnez de bonnes murailles de pierres ou de briques, les portes en sont larges, & on y a élevé plusieurs nouveaux Clochers, qni ne sont en rien inférieurs aux anciens. En un mot, soit que ces Eglises aïent été nouvellement bâties, soit qu'on n'ait fait que les reparer & les embellir, je dois dire que

je

je n'en ai vû aucune qui eût le moindre défaut. Ce que je dis ici des Eglises, en général, doit s'entendre aussi bien de celles des Luthériens que de celles des Calvinistes. Car les unes & les autres ont également leurs Cimetiéres, leurs Clochers, & leurs Cloches, sans qu'on y puisse remarquer aucune diférence. Ce n'est pas comme en Hollande ou en Angleterre, où les Eglises qui ne sont que tolérées, n'ont point & ne peuvent avoir ces *marques d'honneur*, si j'ose me servir de cette expression; ce n'est pas non plus comme en de certains lieux où l'on se passe de ces sortes de choses, soit par pauvreté, soit par modestie. Cela seul suffit pour vous faire voir la passion qu'a le Roi pour la beauté des Bâtimens publics, & le soin qu'il a de procurer tout ce qui peut contribuer à la bienséance & à la commodité du culte Divin. Et en vérité il faut avoüer que les chemins, les Statuës, les Fontaines, les Bâtimens, & tous les au-

autres Edifices publics devroient être magnifiques & bien entretenus par tout ; & on ne peut nier qu'à ces deux égards la Hollande ne surpasse de beaucoup l'Angleterre. Non seulement cela sert d'ornement à un Païs, en témoigne la Richesse, & fait connoître la grandeur d'âme, la Sagesse & la frugalité de ceux qui le gouvernent, mais cela produit encore un très bon effet parmi le vulgaire qui est passionné pour ces sortes de choses, non pas simplement par ce que ce sont de beaux objèts qui font d'agreables impressions sur ses sens, mais aussi par ce qu'il les considére comme lui apartenant en propre ; ce qui n'est assurément point une pensée chimérique, puisque chacun de ceux qui contribuënt à la fondation, ou à l'entretien de ces sortes d'Edifices y a également droit, de la même maniére que les ruës n'apartiennent pas moins au plus chetif Artisan, qu'à un Duc.

Le Païs est pour le moins deux fois plus

plus peuplé que ne l'est la Westphalie, & en divers endroits beaucoup davantage, excepté les environs de Berlin, qui peut à juste titre passer pour la Capitale des Etats de Sa Majesté. Cette Ville est très belle, quoi qu'un peu trop couverte de Bois, & située dans un Terroir fort sablonneux, ce qui n'empêche pourtant pas qu'on n'y ait toutes choses en très grande abondance. Comme j'ai dessein de m'étendre sur cèt Article, dans la suite, je reviens presentement aux observations générales que j'ai faites. Par tout où j'ai passé sur les Terres du Roi de Prusse, j'ai rencontré beaucoup plus de monde dans les chemins, que je n'en avois vû en passant par les Etats des autres Princes. J'ai remarqué que tous ses Sujèts s'occupent à quelque chose, & j'y ai vû toutes sortes de mêtiers & de manufactures. Tout y est dans un mouvement perpetuel, & néanmoins on y jouït d'un parfait repos. Vous avez trop bien étudié la

Na-

Nature, Monſieur pour croire que le Haſard puiſſe produire quelque choſe dans le monde; vous étes très perſuadé que chaque effet procéde d'une cauſe naturelle & néceſſaire. Cela étant, je ne doute point que vous ne reconnoiſſiez avec moi qu'on doit attribuer tous les avantages dont joüiſſent les Sujèts de Sa Majeſté Pruſſienne, & tous les beaux établiſſemens dont je viens de parler, au Gouvernement doux, ſage, & vigilant de feu Son Alteſſe Electorale, & du Roi ſon digne Succeſſeur, qui ne peut jamais mieux faire que de ſuivre éxactement les leçons d'un ſi grand Maître, dans l'Art de régner. C'eſt ce que ce Monarque a fait juſques-ici avec beaucoup de ſuccès, & même on ne peut s'empêcher d'avouër, pour peu qu'on ait de ſincérité, qu'à pluſieurs égards il a ſurpaſſé ſon illuſtre Pére, comme j'aurai l'honneur de vous le faire remarquer en tems & lieu.

Il n'y a point de Prince qui pratique avec plus de ſuccès que lui, des maximes que les ignorans croient incompatibles & contradictoires, mais ſans leſquelles néanmoins il ne pouroit y avoir ni Société ni Gouvernement dans le monde. Et on peut dire qu'en cela il imite Dieu lui même qui conſerve l'Univers, par l'oppoſition du Chaud & du Froid, de la péſanteur, & de la légéreté, des Corps Solides & des Fluides, d'où procéde cette admirable harmonie qui régne dans toutes les œuvres de la Création. Pour aprocher autant qu'il eſt poſſible de la Divinité, un Prince doit donc avoir de la douceur, quoique les Loix, dont il eſt le dépoſitaire, ſoient ſevéres ; il faut qu'il traîte tous ſes Sujèts ſans aucune partialité, & qu'il ſache néanmoins diſtinguer le mérite; enfin il faut que les impôts qu'il met ſur ſon Peuple, ſoient auſſi peu onéreux qu'il eſt poſſible ; mais en même tems il doit éxiger conformément à la Loi, tout

tout ce qui eſt abſolument néceſſaire pour le Bien de l'Etat. C'eſt là l'unique moïen par lequel un Souverain peut rendre ſes Etats Floriſſans. En effet, on a beau dire; il eſt certain qu'un Païs n'eſt jamais bien peuplé à moins que les Habitans n'y trouvent une ſureté manifeſte tant pour leurs perſonnes que pour leurs biens; & pour les y retenir ou pour y en attirer de nouveaux, il faut encore qu'ils puiſſent être ſûrs de la conſomption des fruits de leurs Terres, de la vente de leurs denrées, & des productions de leur induſtrie, dans le Païs même; & qu'outre cela ils aïent moïen de tranſporter ces mêmes choſes dans les Païs étrangers, pour en raporter en échange d'autres denrées dont ils ont beſoin, ou de l'argent à la place, pour enrichir leur Païs. Si en voïant de la fumée, on peut conclure, ſans craindre de ſe tromper, qu'il y a du feu qui la produit, on peut dire avec la même certitude, que par tout où les choses sont sur ce pié-là, le Souverain y observe religieusement les Loix, qu'il est le conservateur de la liberté; qu'il favorise les Arts; qu'il protége les bons & punit les méchans; & qu'il croit ses revenus plus en sureté dans la bourse de ses Sujèts que dans son propre Tresor. C'est ce que devroient penser tous les Souverains, pour peu qu'ils connussent leur véritable intérêt. En effet, un Prince qui oprime ses Sujèts par des impôts onéreux, & qui tout d'un coup en éxige des sommes excessives, les met bientôt dans l'impuissance de lui fournir, dans une occasion pressante, les choses dont il a le plus besoin; au lieu que celui qui n'éxige de ses Peuples que ce qui lui est absolument nécessaire, se reserve, pour ainsi dire, chez eux un fonds inépuisable, qui ne lui manque jamais dans les cas extraordinaires. Mais le malheur est qu'on trouve peu de Princes de ce caractére parmi les Souverains d'aujourd'hui, dont le Gou-

Gouvernement eſt Arbitraire. Il n'y auroit aſſurément pas moins de peine à les trouver, que de danger à en faire la recherche.

Tout ce que je viens de vous dire de la juſtice, de la moderation, & de la prudence du Roi Frederic eſt vrai à la lettre. On en reſſent par tout les effets, mais ſur tout à Berlin où il fait ordinairement ſa demeure. Cette Ville qui eſt paſſablement grande, & très belle, eſt diviſée en deux principales parties, dont la premiére, ſavoir la vieille Ville, ſe ſubdiviſe encore en trois Quartiers, qui ſont *Berlin*, *Cologne*, & le *Werder*. La nouvelle Ville, qu'on a auſſi commencé à fortifier, eſt diviſée en deux parties, dont l'une s'apelle *Friderickſtadt* & l'autre *Dorotheeſtadt*, du nom du dernier Electeur, & de celui de l'Electrice; de ſorte que la Ville entiére eſt composée de cinq quartiers, ſans y comprendre les Fauxbourgs. Les ruës y ſont grandes & belles, beaucoup mieux pavées que ne le ſont ordinairement les Villes d'Allemagne. On a planté dans la plûpart de ces ruës des rangs d'Arbres, qui forment de belles Allées, & qui ne ſont pas moins profitables qu'agréables à la vûë. C'eſt ce qui ſe pratique dans vos Provinces, & ce que l'on ne trouve point en Angleterre. Les diférens Quartiers de cette Ville ſont ſéparez par de beaux Canaux, ſur leſquels on a conſtruit des ponts-levis faits ſur le modéle de ceux de Hollande, & qui ne leur cédent pas en beauté. Les maiſons nouvellement bâties, ſont pour la plûpart, dans toutes les regles de la meilleure Architecture; étant Généralement ornées par dehors, & aſſez bien meublées par dedans. Le peu de vieux bâtimens qui reſtent ſont, en comparaiſon des autres, ce que ſeroit un Nain diforme & couvert de haillons en comparaiſon d'un bel homme, bien fait, & bien vêtu.

On trouve dans cette Ville plu-

ſieurs

ſieurs choſes dignes de la curioſité des Etrangers. Dans le Palais il y a une Bibliotéque, pour l'entretien, & l'augmentation de laquelle, on a établi un fonds annuel. Il y a un grand nombre de livres bien choiſis & bien conditionnez. Cependant il s'en faut beaucoup que cette Bibliotéque ne ſoit égale à celle de Wolfembuttel. Mais on peut l'augmenter conſidérablement, ſi on y ajoûte les Livres, que Sa Majeſté a achetez de Son Excellence Monſieur le Baron de Spanheim, qui juſqnes a preſent ont été gardez ſéparément dans la Chancellerie. Pour donner une juſte idée de ces Livres, & faire connoître en peu de mots l'eſtime qu'on en doit faire, il ſufira de dire, que c'eſt un recueil des meilleurs Ouvrages qui aient paru, que ce recueil a été fait par cèt incomparable Antiquaire dont la politeſſe égale le ſavoir, & qui eſt reconnu de tout le monde pour un grand Politique. Proche de la Bibliotéque Roiale il y a un Cabinet de raretez, qu'on peut à juste titre apeller un riche Tresor, qui renferme plusieurs productions merveilleuses de la Nature & de l'Art, telles qu'il seroit difficile d'en trouver de semblables, & en si grand nombre chez d'autres Princes. C'est aussi dans ce Cabinet de raretez qu'on a mis l'excellent recueil de médailles fait par Sa Majesté même. Je ne m'arrêterai point sur ces deux articles quoiqu'ils le méritent bien; cela seroit inutile, puis qu'on en peut voir un détail fort circonstancié dans plusieurs volumes imprimez du *Thesaurus Brandeburgicus* de Mr. Berger. Il n'y a point d'Ouvrage moderne qui surpasse la Statuë Equestre que le Roi a fait ériger, à l'honneur de son illustre pére, le plus grand Général du Siécle passé. Elle est placée sur le beau pont de pierre de taille que Sa Majesté a fait construire sur une des Branches de la Sprée. L'homme & le Cheval sont d'une seule piéce qui a été fonduë tout

tout d'un coup; elle peze trois mille quintaux & a coûté quarante mille écus. La Statuë faite pour Sa Majesté, lui ressemble beaucoup : on la placera dans la Cour de l'Arcenal qui est presque fini. Cèt Arcenal est situé dans le Quartier qu'on appelle le *Werder* : c'est un grand Bâtiment quarré, où l'on a, pour ainsi dire, prodigué toutes les beautez de l'Architecture, & où l'on n'a rien épargné de tout ce qui peut contribuer à la commodité & à l'ornement. On y a déja mis un grand nombre de très belles piéces d'Artillerie, & d'Armes, qu'on a soin de bien entretenir.

Près de l'Arcenal, il y a une Ecluse qui étoit autrefois de bois, mais qui est aujourd'hui entiérement de pierre de taille; auprès de la quelle est un beau & large Bassin, qu'on peut bien appeller le Port de Berlin, puisqu'on y void continuellement un grand nombre de Vaisseaux qui montent ou décendent la Riviére, sans compter les

Barques de la Ville. Il faut remarquer que cette Riviére eſt jointe à l'Oder par un Canal artificiel, ce qui fait que les petites Barques peuvent facilement paſſer depuis la Sileſie, au travers de l'Allemagne juſqu'à l'endroit où la Sprée ſe débouche dans le Havel; ce dernier ſe jettant à Havelberg, dans l'Elbe, ouvre par là la communication avec la Mer. Avec fort peu de dépenſe, on pouroit faire un paſſage entre l'Oder & le Danube, du moins une bonne partie du chemin; & en ce cas, le tranſport des Marchandiſes qu'on ſeroit obligé de faire par terre, coûteroit fort peu de choſe, puiſque tout le terrein qui ſépare ces deux fleuves n'a pas plus de vingt lieuës d'étenduë. Par le moien de ce paſſage, on pouroit non ſeulement attirer de ce côté-là le commerce de Hongrie, mais auſſi une bonne partie de celui du Levant, outre pluſieurs autres avantages qui en reviendroient. Entre ces avantages je compte pour un des plus con-

confidérables la commodité qu'auroient les Anglois & les Hollandois de pouvoir aporter, par ce passage, une grande quantité de leurs marchandises de Turquie, en cas que la France & l'Espagne unies ensemble vinssent à nous empêcher la Navigation de la Mediterranée, ce que j'espére qui n'arrivera jamais, ou que ces deux Couronnes s'avisassent d'éxiger de toutes les autres Nations, un Péage pour le passage du Détroit, comme le Roi de Dannemarck le pratique sur le Zont. Je n'ignore pas qu'on trouvera ce reméde pire que le mal même, puisque les Terres qui sont depuis le Danube jusqu'à la mer du Nord, n'étant pas toutes sous la Domination du Roi de Prusse, chaque Prince petit ou grand, qui en auroit la moindre portion prétendroit éxiger de nous quelque reconnoissance, ce qui se monteroit à des sommes qui non seulement diminuëroient considerablement le profit, mais qui pouroient même entâmer le Capi-

 tal.

tal. J'espére que nous n'aurons jamais besoin d'examiner sérieusement les avantages ou les inconveniens de cette nouvelle route. En vous la proposant j'ai seulement eu dessein de vous indiquer un passage qui ne vous étoit peut-être pas connu, afin que vous en fassiez tel usage que vous jugerez à propos. Tous les Etats de Sa Majesté Prussienne, tant ceux qui sont situez proche de la Mer, que ceux qui en sont éloignez, joüissent d'un avantage très considérable, étant arrosez par un grand nombre de Riviéres Navigables, qui y font fleurir le commerce. Les principales sont le Rhin, la Meuse, le Weser, l'Elbe, le Hagel, le Havel, le Werter, l'Oder, la Vistule, & le Pregel. Outre ces Riviéres il y en a plusieurs autres moins considérables ; à quoi il faut ajoûter que le Roïaume de Prusse & le Duché de Poméranie occupant une grande partie des côtes de la Mer Baltique, sont situez fort avantageu-

sement

ſement pour le commerce, qui effectivement y eſt ſur un aſſez bon pié, & qu'on y pouroit rendre conſidérable avec un peu d'aplication & de bonne conduite.

Mais pour revenir à Berlin, je dois vous dire que le Roi a fait fraper une belle Médaille au ſujèt de la réparation de l'Ecluſe dont je vous ai parlé. Il en a auſſi fait fraper une autre, en mémoire des augmentations, des Fortifications, & des embelliſſemens, par leſquels il a rendu cette Ville remarquable, comme auſſi pour éterniſer l'heureux établiſſement des Arts, & du Commerce, dont elle lui eſt redevable. Je n'ai jamais vû une plus belle Médaille que celle qui fut frapée, lors que ce Prince prit le titre & la Dignité de Roi. Sur quoi, je dois remarquer ici, en paſſant, que ceux qui ont crû que l'Empereur l'avoit fait Roi, ſe ſont groſſiérement trompez. C'eſt une erreur aſſez générale dont on doit deſabuſer le public : Sa Majeſté n'eſt re-

de-

devable de sa Couronne à qui que ce soit, puis qu'en Prusse, elle ne dépend que de Dieu seul. Sa Majesté Impériale n'a fait en cette occasion, que ce qu'ont fait les autres Princes, qui ont reconnu Frederick pour Roi, parce qu'ils n'ont pû lui refuser ce qui lui appartenoit légitimement. Sur le revers de cette Médaille on voit la *Justice* qui se Couronne elle-même ; avec une devise qui convient fort bien au sujèt & à l'occasion, *Suum cuique*, *à chacun, le Sien.* J'ai vû une autre médaille sur le revers de laquelle est un *Harpocrates*, pour marquer avec combien de zéle & de secret le Roi de Prusse a assisté le Prince d'Orange, & les Etats de Hollande dans l'Expédition d'Angleterre, ou pour mieux dire dans la derniére & glorieuse revolution, que tout bon Anglois ne doit jamais oublier. L'assistance de ce Monarque fut si réelle & si considérable en cette conjoncture, que nôtre Nation ne peut sans se rendre coupable de la plus noi-

re

re ingratitude, refuser à ce Prince la reconnoissance & le respect qui lui sont si légitimement dûs, pour un service rendu si à propos & dans une nécessité si pressante. On voit aussi une médaille en l'honneur du Prince Roial, & on en a frapé plusieurs pour la Reine. Sur le revers de la derniére qui a été frapée pour cette Princesse on voit une *Junon* qui fait danser un *Cupidon* sur ses genoux avec ces mots.

In una Sede morantur.
Majestas & amor.
C'est-à-dire, *l'Amour & la Majesté sont unis ensemble.*

A l'occasion de ces médailles, je ne puis me dispenser de vous dire, Monsieur, qu'à cèt égard il n'y a point de Prince en Europe qui ait l'Ame plus grande & plus Noble que Frederic III. Si les anciens Romains pouvoient renaître, leur étonnement seroit extrême de voir l'ignorance

ré-

répanduë dans toutes les parties de leur chére Italie, pendant que les Arts & les Sciences fleuriſſent au milieu de l'Allemagne, qui de leur tems n'étoit qu'une vaſte Forêt marécageuſe, dont les Habitans étoient à la vérité libres, braves, & belliqueux, mais en récompenſe très groſſiers, ou pour mieux dire barbares & ſauvages. Non ſeulement ils ſeroient étonnez d'un changement ſi ſurprenant, mais ils admireroient ſur tout & éléveroient juſques aux cieux le Genie du Roi de Pruſſe qui eſt enflamé de ces belles paſſions, ſans leſquelles leurs plus célébres Héros ne ſeroient jamais entrez dans le chemin de la gloire, & qui ſeules ont contribüé à éterniſer la mémoire de leurs beaux exploits. D'un genie auſſi étendu que le leur, ce Prince aime les monumens publics, & s'y connoît parfaitement bien. Comme eux, ce Prince entend l'Architecture, il l'aime, il la cultive ; il éleve des Edifices, des Statuës ; & des Aque-

Aqueducs ; il fait fraper des Médailles dans les occasions remarquables, & de cette noble maniére, il perpetuë l'éxemple des évenemens. En un mot, à l'imitation de ces grans Hommes ; il met par tout des Inscriptions d'un grand goût, & très propres au sujèt dont il s'agit. Ses ennemis mêmes, car tous les Princes en ont aussi bien que les moindres particuliers, sont contrains, malgré eux, de loüer le Roi de Prusse, à cèt égard, puisque ce sont des choses si utiles, & si connuës de tout le monde que la malice la plus noire n'ose ni les cacher ni les nier. On travaille encore actuellement à une autre Statuë de Sa Majesté, qui sera un Chef-d'œuvre de l'Art. Peu s'en faut que la grandeur n'en soit Gigantesque ; & elle est destinée pour servir d'ornement à une nouvelle porte de la Ville qui sera appellée *Roïale*, aussi bien que la ruë. Quelque jour, je pourai vous envoïer une description plus ample de cette Statuë, & des au-

autres qui doivent l'accompagner, & lui servir d'ornement.

Dans le Quartier de la Ville, qui s'appelle Berlin, on void proche du Rempart, un superbe Amphitéatre destiné pour le combat des Ours, des Lions, des Taureaux, des *Urochse*, que les Anciens connoissoient sous le nom d'*Uri*; & de plusieurs autres Bêtes Sauvages, dont on garde toûjours un grand nombre dans les Cavernes qui sont sous cèt Amphitéatre. Quoique les vieilles Ecuries, près du Palais, soient fort grandes, cela n'a pas empêché le Roi d'en faire bâtir d'autres dans la nouvelle Ville. Ces derniéres sont si magnifiques, que souvent les Etrangers s'y méprennent, s'imaginant que c'est l'Hôtel de quelque Ministre d'Etat. Elles sont divisées en deux Cours, & en neuf Pavillons situez à une distance égale l'un de l'autre. Dessus ces Ecuries est l'Academie des Sciences, de la Peinture & des autres Arts Liberaux, qui y sont extreextrémement cultivez; on y a aussi éle-vé un très bel Observatoire, pour les Astronomes.

Entre tant de somptueux Edifices, & de choses rares qui se voient à Berlin, rien n'est si digne de la curiosité d'un Etranger que le nouveau Palais Roïal, qu'on bâtit dans le Quartier de Cologne, au même endroit où étoit le vieux Château, & qui est déja fort avancé. Je n'entrerai point dans un détail qui me meneroit trop loin; & je ne me servirai point de cette occasion, quoique très favorable, pour étaler mon habileté dans l'Architecture, & vous faire voir que j'ai lû tous les Commentaires qui ont été faits sur Vitruve. Il vaut mieux ne rien dire sur un sujèt de cette nature, que de n'en pas dire assez. Mais en attendant que je puisse vous en envoïer le Plan, je vous dirai seulement, que quoi que vous aïez beaucoup voïagé, vous n'avez néanmoins jamais rien vû de plus éxact, de plus commode, ni de plus magnifique. J'avouë que vous pouvez avoir vû, dans vos voïages, un ou deux Palais d'une plus grande étenduë, mais aussi est-il certain qu'ils ne sont pas à beaucoup près si réguliers que celui-ci. En un mot je suis persuadé que la beauté de ce Superbe Edifice du Roi de Prusse éfacera bien-tôt celle des autres Bâtimens de l'Europe, qu'on vante tant; quoique ces derniers soient l'Ouvrage d'un grand nombre de Rois, qui successivement se sont apliquez, à les agrandir, à y ajoûter de nouveaux ornemens, ou bien à les réparer: je ne sai-même, si on ne pouroit pas dire que ceux-ci ne serviront qu'à relever l'éclat de celui-là. Quelque surprenant que puisse paroître d'abord ce que je viens de dire, on se le persuadera facilement, si l'on considére que le Roi de Prusse est d'une magnificence extraordinaire en toutes choses; jusques là que son Sceptre & sa Couronne, éfacent déja sans contredit la Splen-

deur

deur des Sceptres & des Couronnes de tous les autres Princes de l'Europe, tant par le nombre, que par l'éclat, & le prix des pierreries. Il y a des gens qui n'aprouvent pas cette profuſion de Diamans, & qui croient qu'on pouroit emploïer l'argent qu'ils coutent à un meilleur uſage. Pour leur fermer la bouche, il ſufiroit de leur répondre qu'il y a une grande diférence entre les Princes & les particuliers: les premiers peuvent faire ſans aucun inconvenient, certaines choſes qu'on pouroit trouver à redire dans les derniers. Mais ce n'eſt pas à moi à entrer dans ces ſortes de diſcuſſions, mon unique deſſein étant de vous raporter ſimplement & ſincérement ce qui eſt de Fait.

Les Habitans de Berlin, à l'imitation du pére de la Patrie, s'occupent à bâtir dans tous les quartiers de la Ville, & font tous leurs efforts pour ſe ſurpaſſer les uns les autres dans la Beauté de leurs Bâtimens; de ſorte qu'en peu d'années, Berlin ſera une des plus belles Villes qu'on puiſſe voir. On y a déja établi pluſieurs ſortes de Manufactures qui réüſſiſſent parfaitement bien. Entre autres Ouvrages très curieux qui s'y font actuellement, on y travaille très délicatement en Or, en Argent, en Acier poli, & en verre. On y fait auſſi des étofes légéres, de gros Draps & des Bas, outre pluſieurs autres choſes dont je ne parlerai point ici. On ne doit pas être ſurpris que les choſes y ſoient ſur un ſi bon pié; il ſeroit ſurprenant, au contraire, que cela fût autrement. Car outre que la juſtice & la modération du Roi, joint au bon ordre qu'il fait obſerver, ſont ſans contredit les cauſes naturelles & générales de ces Effets, je dois encore remarquer ici trois choſes particuliéres qui ont beaucoup contribuë à mettre cette Ville dans un ſi floriſſant état. La premiére eſt un grand nombre de François Refugiez, & d'autres Proteſtans

testans persecutez, qui y ont trouvé une protection & un Asile très assuré. Ils y joüissent de priviléges & franchises extraordinaires qui leur ont été généreusement accordez par le Souverain; ce qui ne peut pas manquer d'attirer sur lui la faveur du Ciel, & lui procurer en même tems les avantages temporels qui résultent nécessairement d'une conduite si sage & si humaine. En effet cela a augmenté considérablement le nombre de ses Sujèts; & personne n'ignore que plus il y a d'Habitans dans un Païs, plus il s'y consume de denrées, plus le commerce y est florissant; & que par consequent le Souverain accroît ses Richesses, ses Revenus, & est en état de mettre de plus nombreuses Armées sur pié, lors qu'il est nécessaire, sans être obligé de chercher des Soldats chez ses voisins. Cela est si vrai que peu d'années après cette Naturalisation générale, les Revenus des postes, & le produit des différentes *Excises*, ra-

raportérent au Trefor le double de ce qu'on avoit coûtume d'en retirer auparavant. Le nombre des maifons augmenta prodigieufement, & le païement des lettres de change devint beaucoup plus facile qu'il ne l'avoit jamais été. Il fe peut bien faire qu'on n'avoit pas eu d'abord en vûë ces avantages temporels, & que la Religion feule avoit été le motif de la généreufe bonté du Souverain envers ces pauvres perfecutez ; mais auffi-tôt qu'on fe fut aperçeu des fuites qui en provenoient, on n'a rien négligé de ce qui peut contribuer à augmenter l'avantage que l'Etat en retire. Plufieurs autres Princes d'Allemagne commencent à fuivre cèt éxemple : mais il eft certain qu'ils ne réüffiront jamais dans leur projèt, s'ils n'accordent pas à tous égards, aux Etrangers qu'ils veulent attirer dans leur Païs, les mêmes libertez & les mêmes priviléges dont joüiffent leurs Sujets naturels ; & s'ils fe mettent en tête de furcharger leur

peu-

Peuple, lors qu'ils voïent qu'il commence à prosperer.

La seconde chose qui a beaucoup contribüé à l'état florissant où se trouve presentement la Ville de Berlin, c'est cette entiére liberté de Conscience dont y joüissent tous les Chrêtiens, de même que dans tous les autres Païs qui sont sous la domination de Sa Majesté. Cette heureuse liberté fait trouver aux Habitans toutes sortes de sûreté & d'agrément dans les lieux de leur demeure, & invite les Etrangers à venir s'y établir; voïant qu'ils n'ont rien à craindre pour le salut de leurs âmes, non plus que pour leurs personnes & pour leurs Biens. Les Luthériens & les Calvinistes vivent ici en très bonne intelligence les uns avec les autres, malgré tous les éforts que peuvent faire leurs voisins pour semer la discorde parmi eux. Je vous ai déja dit, que les Eglises des uns & des autres n'ont aucunes marques extérieures par lesquelles on les puisse distintinguer ; & pour ce qui eſt d'eux, ils ſont élevez inditéremment à tous les Emplois civils & Militaires, ſelon leur mérite, Sa Majeſté ne faiſant pas moins d'honneur, & ne témoignant pas moins de confiance aux Luthériens qu'aux Calviniſtes ; maxime qui eſt beaucoup plus propre à réünir les eſprits que ce qu'on pratique en d'autres lieux, où ceux qui ne ſont pas de la Religion dominante, ſont notez d'infamie ; ce qui certainement augmente le mal bien loin de le diminüer. Quoique le Roi ſoit Calviniſte, cependant la plus grande partie de ſes Sujèts dans tous ſes Etats ſont Luthériens, & leurs Egliſes ſont entretenuës des revenus fixes qui ont toûjours été deſtinez à cèt uſage ; au lieu que celles des Calviniſtes ne ſont entretenuës que des contributions volontaires des membres qui les compoſent ; excepté les Egliſes & Chapelles de la Cour. Néanmoins dans la plûpart des Villes & des Villages, les Miniſtres

Cal-

Calviniſtes ont de meilleurs Benefices que les Luthériens. Voilà proprement à quoi aboutit toute la différence qu'on peut remarquer entre la condition des premiers, & celle des derniers. Or cette différence peu conſidérable en elle même, ne s'étendant pas au dela du Clergé, & la profeſſion de l'une ou de l'autre Religion ne facilitant, ni n'empêchant aux Laïques l'entrée aux Emplois Lucratifs ou honorables, il s'enſuit, au moins ſelon toutes les aparences, qu'on trouve moins d'Hipocrites dans ce Païs-ici, que dans les lieux où il eſt avantageux, ou nuiſible d'être d'une certaine Secte. Je croi même qu'on peut afirmer, ſans crainte de ſe tromper, que quand même les Miniſtres de l'une ou de l'autre Religion ſeroient d'un eſprit aſſez inquiet pour vouloir remuer, & par un zéle inconſidéré troubler la bonne intelligence qui regne entre les deux parties, il ne leur ſeroit pas poſſible d'engager les Laïques dans leur querelle ; parce qu'aïant une entiére liberté de servir Dieu suivant les mouvemens de leurs consciences, ils ne feroient pas assez fous de risquer le certain pour l'incertain par raport à leurs avantages temporels, & cela simplement pour complaire à l'ambition d'un Prêtre. C'est assurément ce qu'une personne sage ne fera jamais, & ce qu'un honnête homme ne prétendra pas éxiger. Quoi qu'il en soit, le Roi ne néglige rien de ce qui peut contribuer à réünir ses Sujèts dans une même croiance. Les moiens qu'il y emploie sont très dignes d'un Prince Chrêtien. Il n'a pas recours à la violence, il ne menace seulement pas d'exclure des emplois ceux qui ne voudroient pas se conformer à ses sentimens ; leur resistance ne leur est préjudiciable à aucun égard, & il ne les traite pas avec moins de bonté & de confiance que les autres. Il tâche de les persuader d'une maniére tout-à-fait évangelique ; il leur parle avec la ten-

tendresse d'un Pére commun, & s'éforce de leur faire sentir le peu d'importance des points qui les séparent.

La troisiéme & derniére chose qui contribuë à la prosperité des Habitans de Berlin, c'est le grand nombre de Maisons de plaisance que Sa Majesté fait bâtir pour son propre usage, en diférens endroits, & sur tout dans le voisinage de cette Ville; ce qui compense avantageusement la stérilité de son Terroir. Ce sont là, selon moi, les trois principales causes du changement avantageux qui est arrivé depuis peu d'années, non seulement dans la Ville de Berlin, mais même dans tous les Etats de Brandebourg. Je sai bien qu'il y a des gens de bon sens, qui croient qu'il vaudroit mieux que Sa Majesté ne bâtît pas tant de Palais, & qu'Elle se contentât de deux ou de trois, parce qu'en ce cas, il lui seroit facile de les rendre plus magnifiques que celle d'aucun

Prin-

Prince d'Allemagne. A cela on répond que le Roi, qui a fixé un fond de cent cinquante mille écus par an pour être emploié à ses bâtimens, peut quand il lui plaira rendre deux ou trois de ses maisons aussi magnïfiques qu'il le jugera à propos, sans s'incommoder en aucune façon. D'ailleurs, bien loin que tant de bâtimens soient à charge aux Sujèts, ils en retirent au contraire un profit considérable. Non seulement quantité d'Artisans trouvent, par ce moien, de quoi subsister, mais les Marchands mêmes y rencontrent leur avantage particulier, puisque cela facilite la vente de leurs materiaux, qui leur sont ponctuellement païez. Cela fait encore circuler l'argent dans le Païs, ce qui paroît être une des principales vûës de Sa Majesté. Il n'y a pas un Prince au monde, & j'ose dire même qu'il y a peu de particuliers, qui connoisse mieux que lui les charmes & les plaisirs de la vie champêtre, dont les grands hom-

hommes de l'Antiquité faiſoient leurs délices. Cela paroît non ſeulement par le choix du tems qu'il paſſe à la Campagne, & par les divertiſſemens qu'il y prend, mais encore par les différentes ſituations, par la diverſité des ameublemens, par la ſtructure de ſes bâtimens, auſſi bien que par la diſtance qu'il y a de l'un à l'autre. Ces maiſons ſont entretenuës très proprement, & d'une maniére tout-à-fait dignes d'un Prince. Elles ſont ſi bien pourvûës de toutes choſes néceſſaires, à proportion de leur grandeur, & de l'uſage auquel elles ſont deſtinées, qu'on ne tranſporte jamais rien d'une maiſon dans l'autre, non pas mêmes les ſervices de vaiſſelle d'Or, & d'argent. Ceci eſt d'autant plus extraordinaire, qu'à ce que j'ai apris de perſonnes qui prétendent le bien ſavoir, il n'y a point de Potentat en Europe qui en ait une aſſez grande abondance pour pouvoir faire la même choſe. Je vais preſentement vous dire un mot de cha-

chacune de ces Maiſons en particu-particulier.

La premiére que j'ai vûë eſt Orangebourg commencée par le feu Electeur pour l'uſage de Madame l'Electrice ſon Epouſe ; * qui lui donna le nom de ſa famille. Cette Maiſon de Plaiſance eſt ſituée dans un Païs qui reſſemble fort à la Hollande ; on a bâti tout proche une petite Ville qui porte le même nom ; & tout autour on voit de belles prairies à perte de vûë, qui ſont arroſées, & ſéparées par divers Canaux qu'on a tirez du Hagel. Ces Prairies ſont environnées de Bois, au travers deſquels on a pratiqué pluſieurs perſpectives ſi belles & ſi longues que quelques-unes s'étendent juſqu'à d'autres Maiſons de Plaiſance. Orangebourg conſiſte preſentement en deux Cours, le Corps de Logis eſt au milieu. Sa Majeſté a augmenté ce Bâtiment preſque de la moitié & y a ajoûté plu-

* *Cette Princeſſe étoit fille aînée de Frederick-Henri Prince d'Orange.*

plusieurs ornemens en l'honneur de sa Mére, comme cela paroît par l'inscription latine qui est sur la grande porte. Le Jardin est fort grand & orné de Statuës, de Fontaines, d'Obelisques, de Grottes. Il y a aussi une Voliére, une Orangerie ; & quelques pas plus loin une autre petite Maison nommée la *Favorite*, où le Roi peut loger fort commodément, lorsque l'envie lui en prend. On y bâtit aussi actuellement, une Ménagerie ; un Hermitage, & toutes leurs dépendances. Le Jèt d'eau, qui est dans le grand Escalier, monte à la hauteur de quarante-six piez : Celui du Jardin monte encore plus haut. Pour y conduire l'eau on a élevé de belles Machines sur le bord de la Riviére, dans une grande Plaine, où il n'y a pas la moindre éminence, qui ait pû contribuer à l'élévation de ces eaux. La Galerie & le Cabinet de Porcelaine, où l'on voit un nombre infini de Pierreries, d'Antiques,

tiques, de Cachets & autres curiositez de pareille nature, est une merveille qu'on ne voit en aucun autre lieu. Je ne croi pas que dans le Cabinet de l'Empereur de la Chine, il y ait une plus grande variété de ces sortes de choses, & c'est le seul Prince qui puisse les avoir en aussi grande quantité. Il est impossible de rien voir qui soit plus agréable à la vûë. L'ordre dans lequel elles sont disposées est admirable, & sert à faire connoître l'esprit méthodique du Roi, qui les a si bien rangées en Obelisques, en Colonnes, & en toutes sortes d'autres figures qu'on peut concevoir, depuis les plus petites curiositez jusques aux plus grands Vases, dont il y en a d'une grandeur prodigieuse. Le lambris de ces Chambres, si je me puis servir de ce terme, est tout de Miroirs, qui par la reflection de tant de raretez produisent un spectacle charmant. Les Moûlures & les Cadres de ces Miroirs

roirs font d'une peinture très fine, & la dorure en eſt très belle. De Berlin à Orangebourg il y a quatre miles d'Allemagne, qui font diviſées par autant de Piliers de pierre de taille, avec leurs inſcriptions, & leur nombre, à l'imitation des *Pierres Milliaires* des Anciens Romains ; à la réſerve qu'on élevoit ces derniéres à la diſtance de mille pas l'une de l'autre.

Poſtdam n'eſt pas plus éloigné de Berlin qu'Orangebourg, & le chemin eſt marqué de la même maniére par des Piliers de pierre. Cette Maiſon eſt ſituée dans une Ile que forment le Havel & la Sprée, & qui a environ quatre lieuës de tour. On y a auſſi bâti une Ville qui porte le même nom, & qui eſt environnée de Colines, de Bois-taillis, de Bocages, & de Forêts. Ce ſera quelque jour un charmant lieu, car la nouvelle Porte qui eſt un chef-d'œuvre d'Architecture engagera Sa Majeſté à y conformer tout le reſte de la Maiſon, qui dès à preſent eſt vraïement Roïale. On a auſſi dreſſé un nouveau plan pour le Jardin, & de l'autre côté de la Riviére on pratique des Caſcades, par le moïen d'une élevation aſſez conſidérable tout vis.à-vis la Maiſon, ce qui ſemble encore confirmer ma prédiction. A un quart de lieuë de là, on trouve une belle Ménagerie où il y a la plus grande quantité de Faiſans que j'aïe jamais vûë. On y voit un grand nombre d'Oiſeaux, & d'Animaux rares, qu'on y a apportez des Païs étrangers, mais de tout ce que j'y ai vû, rien ne m'a plu davantage que les petites Chévres des Indes, qui ne ſont guére plus grandes que nos Lapins. L'Ile eſt diverſifiée par de grandes & épaiſſes Forêts, par de baſſes Prairies, & par de belles Campagnes. La Maiſon de Plaiſance, & le Jardin de *Bornheim* ſont à peu près au milieu de cette Ile. Le Roi n'a point d'auſſi bon Fruit en

Entree.

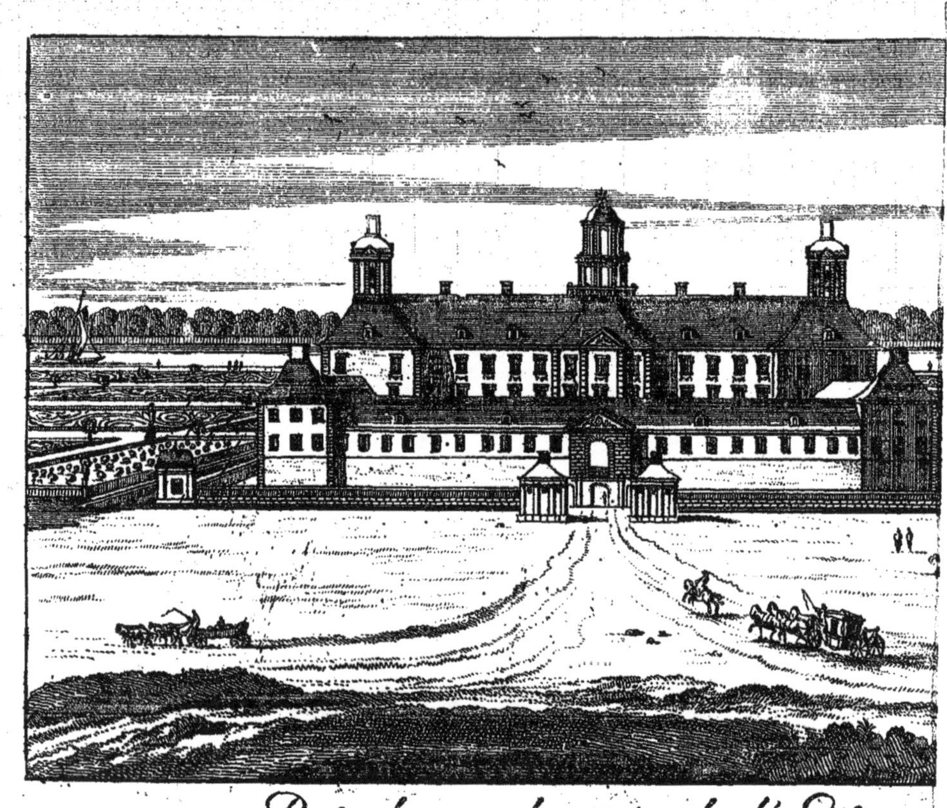

Potsdam, du cote de l'Entree.

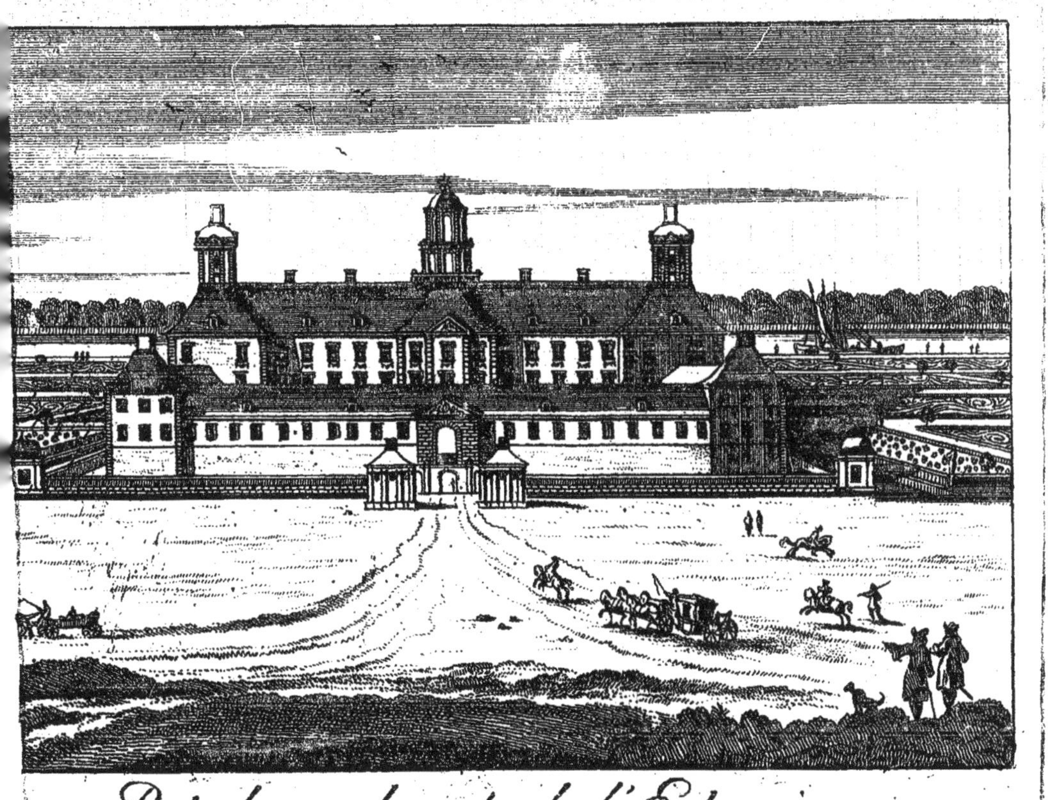

Potsdam, du cote de l'Entree.

Potsdam, veu de l'autre coté de la Ri

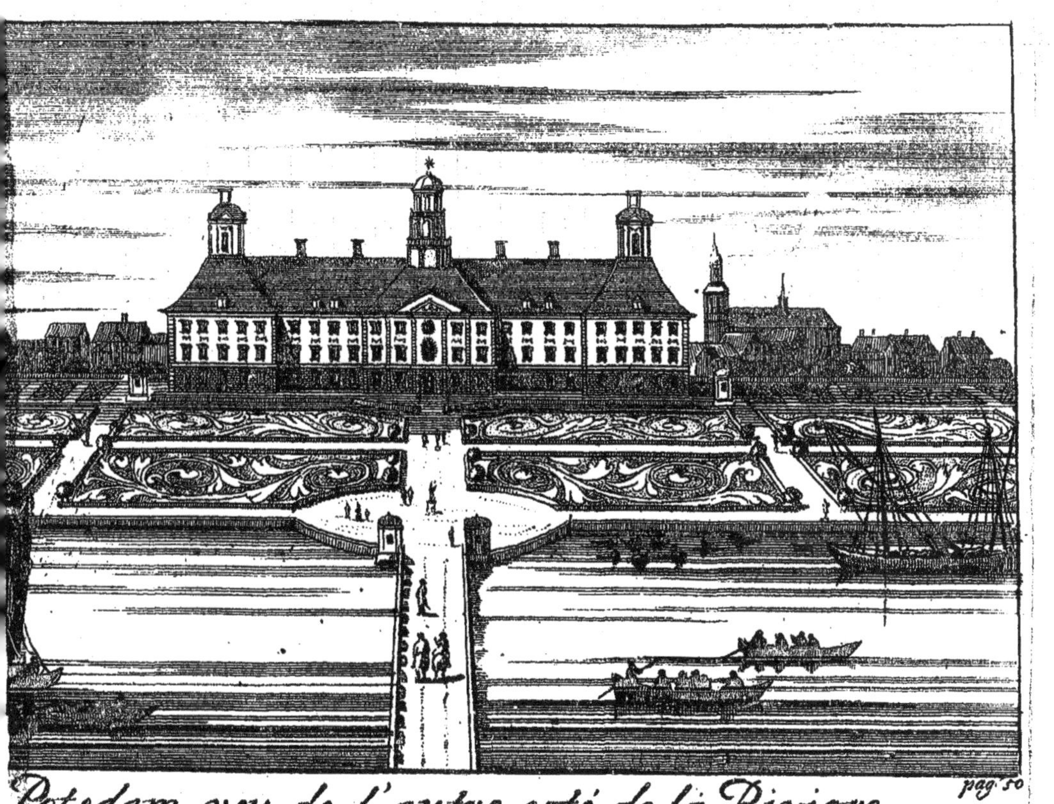

Potsdam, veu de l'autre coté de la Riviere.

pag. 50

Veue de Kapput.

Veue de Kapput. pag 57

pag 57

aucun autre Jardin qu'en celui-ci. Je ne le ſai que parce que Sa Majeſté m'a fait l'honneur de me le dire elle-même ; car quoique j'aïe été un matin dans ce Jardin pour le voir, le Jardinier ne daigna pas m'offrir ſeulement une pêche. Je m'en conſolai lors que je vis que tout le monde ſe plaignoit de la même choſe ; ce qui me fit connoître que ce n'étoit point par mépris qu'il m'avoit traité de cette maniére. D'une petite Coline, près de cèt endroit, vous avez une très belle vûë, & vous pouvez tout découvrir d'un bout de l'Ile à l'autre. Vous voiez pluſieurs Villages ; & la jonction des deux Riviéres. *Poſtdam* eſt preſque au milieu entre deux autres Maiſons de Sa Majeſté, qui ſont à la vérité plus petites, mais admirablement ſituées, & très bien meublées, comme le ſont toutes celles qui appartiennent au Roi. *Kapput*, l'une de ces Maiſons, n'eſt qu'à une petite lieuë plus

 bas ;

bas ; la Riviére eſt beaucoup plus large en cèt endroit, & forme une eſpéce de Lac, de là à *Poſtdam*. *Kleiniken* qui eſt l'autre Maiſon dont j'ai voulu parler, n'eſt qu'une demi lieuë plus haut, du côté de Berlin. La Riviére y eſt auſſi large qu'à *Kapput*, ce qui provient du confluant de pluſieurs Eaux, & de la diviſion de la Sprée & du Havel. De cette maniére, le Roi peut aller dans ſes Yachts, de *Poſtdam* à l'une ou l'autre de ces Maiſons, lors qu'il ſe trouve diſpoſé à prendre ce divertiſſement.

Il y a dans le voiſinage de Berlin pluſieurs autres Maiſons Roiales dont je ne vous ferai point de deſcription particuliére ; comme *Faarlandt*, *Fridericksfeldt*, *Roſendaal*, *Keppenich*, *Rhudau*, *Blankenfeldt*, *Meyndershauſen*, *Hoppengaarden*, & *Belvedére*. C'eſt à *Schoonhauſen*, ſituée à une lieuë de Berlin, que le Roi fait ſa réſidence ordinaire en été.

Cet-

pag 5

Veue de Keppenich.

Veue de Keppenich.

pag 51.

Fredericsdaal.

pag 53

Fredericsdaal.

pag. 53

Cette Maison est fort commode; les Jardins en sont assez beaux; & je n'ai point vû en aucun lieu d'Allemagne, des gazons, des Allées & des Parterres plus verds. Sa Majesté a encore plusieurs autres Maisons: Elle en a une à Tangermunde; & une autre bâtie depuis peu à Magdebourg qui fait face à la grand' Place, où est située l'Eglise Cathédrale, & à l'opposite de la Citadelle, dont elle est séparée par l'Elbe. Je ne vous dirai rien du Château de Cléves, ni des autres Maisons que Sa Majesté a en Prusse, & ailleurs, parce que je n'y ai jamais été. Mais il faut que je vous dise que de tous ces Edifices, si commodes, si magnifiques, & si agréables, je n'en ai point trouvé de plus à mon gré que la petite Maison de Fridericsdaal, à une lieuë d'Orangebourg. Elle est effectivement plus réguliére qu'aucune des autres: on l'a bâtie sur le modéle de Marli, & le Roi lui-même en a été l'Architecte.

Je préférerois ce lieu à tout autre, pour s'y retirer avec une Compagnie choisie, ou pour y être seul avec une bonne Bibliotéque. Le Roi y a une très jolie Ferme, & une Laiterie fort propre, dont le soin est commis à des Suisses qui font d'aussi bon beurre, & d'aussi bon fromage, que dans leurs propres Montagnes. La Cuisine est garnie de Faience, comme cela se pratique en Hollande, en un mot tout y a un air champêtre qui fait plaisir. Avant que de finir l'article des Maisons de Sa Majesté, je dois vous dire qu'il n'y en a aucune où on ne puisse goûter quelque plaisir particulier, outre qu'elles sont situées d'une maniére qu'on peut toûjours être dans l'une ou dans l'autre très agréablement en quelque saison que ce puisse être, sans que cela apporte aucun retardement à l'expédition des afaires.

La Reine passe la plûpart de son tems dans un Palais qui n'est pas encore fini, sur le bord de la Sprée,

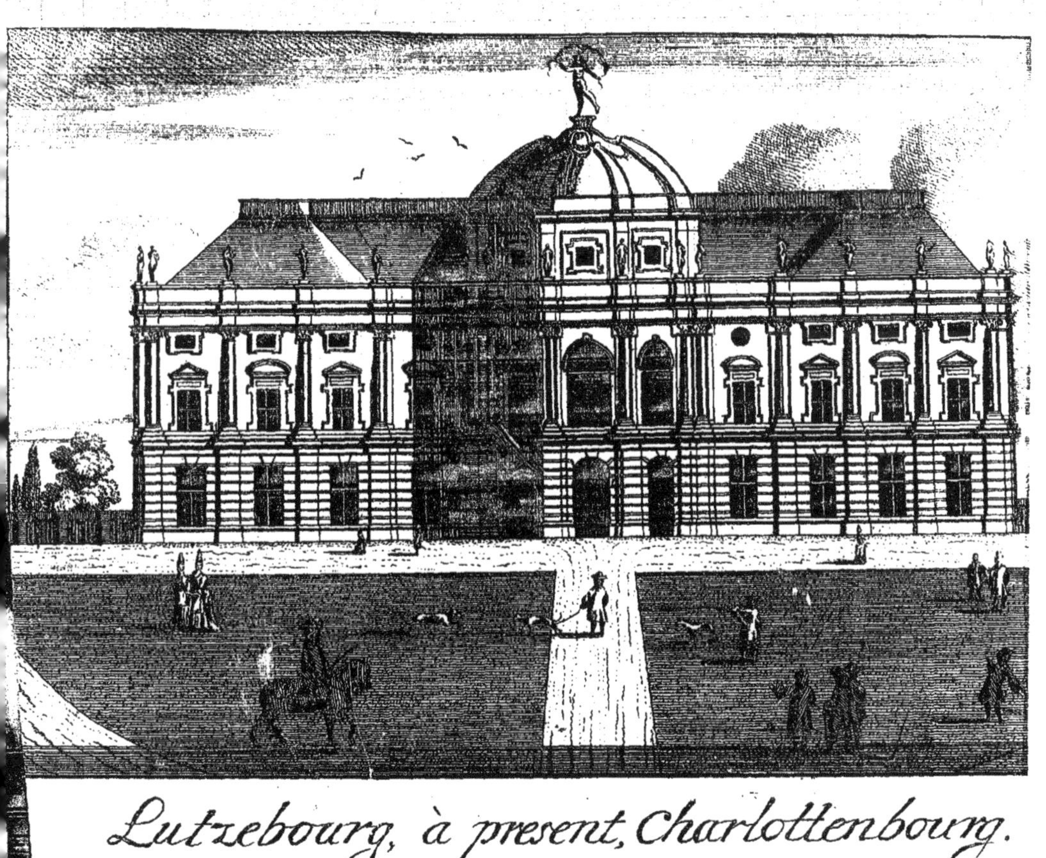

Lutzebourg, à present, Charlottenbourg.

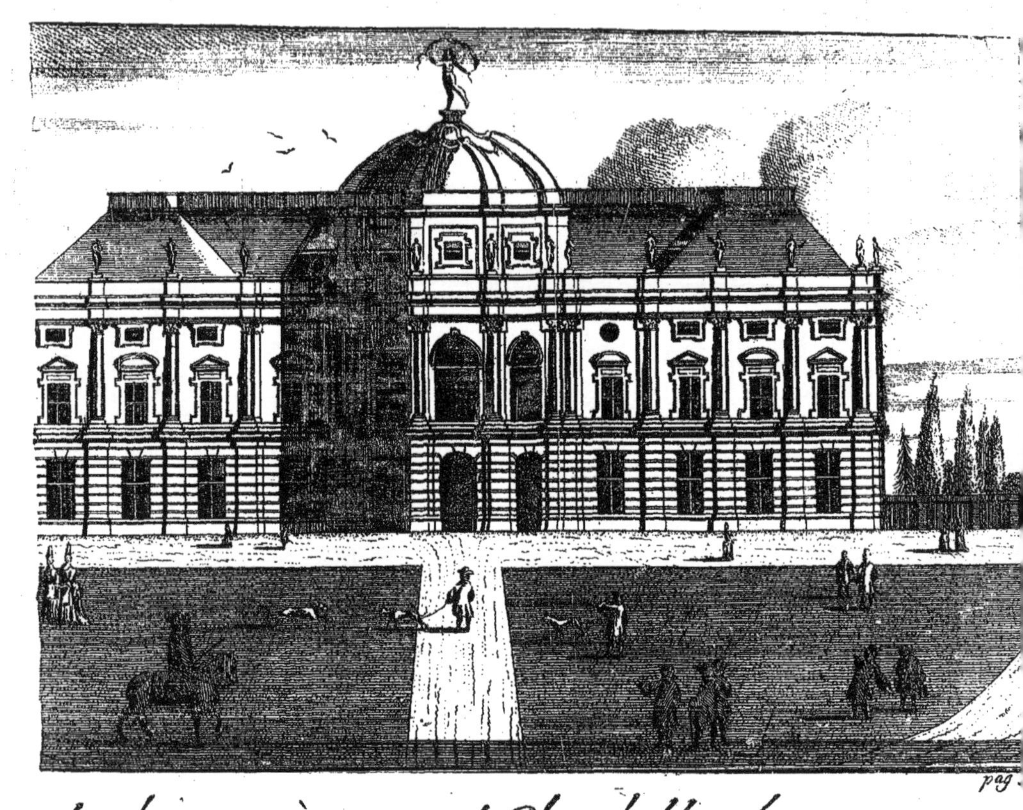

tzebourg, à present, Charlottenbourg.

pag 55

Lutzebourg

près du Village de Lutzelburg, dont il a pris le nom. Cette Maiſon eſt à une lieuë de Berlin, d'où on peut y aller au travers d'un beau Parc, ou par eau dans une Barque couverte, ſemblable à vos *Treck Schuit.* Quoi que je vous aïe parlé de toutes les autres Maiſons, avant que de venir à celle-ci, ne penſez pas, Monſieur, qu'elle leur ſoit en rien inférieure; c'eſt au contraire une des plus grandes, des plus réguliéres, & des plus magnifiques. Le Jardin, qui eſt entre ce Palais & la Riviére, ſera, à proportion de ſon étenduë, un des plus beaux de toute l'Allemagne, & il eſt déja en tel état qu'à peine en avez-vous dans vos Provinces, qui le ſurpaſſe. Je vous ai déja dit que ce Bâtiment, avec ſes dépendances, n'eſt pas encore achevé; c'eſt pourquoi je ne vous en ferai pas preſentement une deſcription plus particuliére. Je me contenterai ſeulement de vous dire qu'il ne faut point douter qu'en peu de tems, il ne devienne un très charmant lieu, étant ſous la direction de *Sophie Charlotte*, la plus belle Princeſſe du Siécle, qui par la juſteſſe de ſon eſprit, par la délicateſſe de ſes expreſſions, & par les charmes de ſa converſation, égale, ſi elle ne ſurpaſſe pas, tout ce que l'on voit de plus parfait dans le Monde. Elle a une lecture prodigieuſe, n'y aïant guére de bons Livres qu'elle n'ait lûs. Elle parle également bien ſur toutes ſortes de matiéres, & on n'admire pas moins en elle, la connoiſſance éxacte qu'elle a, des parties les plus abſtruſes de la Philoſophie, que ſon eſprit incomparable. La haute élévation de Sa Majeſté ne m'éblouït point; & rien au monde n'eſt capable de me faire dire une choſe que je ne penſerois pas; mais je dois avoüer ingénuëment que je n'ai jamais connu perſonne qui fît des Objections plus à propos & plus judicieuſement que cette Princeſſe, qui découvrît avec moins de peine, & plus promptement toutes

Orangebourg.

Orangebourg.

toutes ſortes de Sophiſmes, & qui pût pénétrer avec plus de facilité le fort ou le foible de quelque opinion qu'on puiſſe lui propoſer. Perſonne n'entend mieux qu'elle l'art de prendre, & de donner toutes ſortes d'honnêtes divertiſſemens, & elle ſait les aſſaiſonner d'une maniére qui fait qu'on ne s'en laſſe jamais, parce qu'on y trouve toûjours le charme de la nouveauté. Son plaiſir favori eſt la Muſique, & il faut s'y entendre auſſi-bien que le fait Sa Majeſté, ce qui eſt très rare, pour l'aîmer avec autant de paſſion qu'Elle l'aime. Elle jouë du Clavecin en perfection, & en jouë tous les jours: Elle dance très bien; & le fameux *Bononcini* un des plus habiles hommes du tems m'a dit qu'elle compoſe très éxactement. Elle aime à voir des Etrangers à ſa Cour, & prend plaiſir à s'informer de tout ce qu'il y a de plus curieux dans leurs Païs. L'idée qu'Elle a du Gouvernement, en général, eſt ſi équitable, qu'on l'apelle dans toute l'Allemagne *la Reine Républiquaine*. Tout ce qu'il y a de poli, & d'enjoüé se rend à sa Cour, où l'on voit une parfaite harmonie entre les choses que l'on croit ordinairement les plus opposées, je veux dire entre la Science, & les Plaisirs. Pour ce qui regarde la personne de la Reine, elle n'est pas fort grande, & a un peu trop d'embonpoint : Elle a tous les traits du visage extrémement réguliers, le teint beau & vif, les yeux bleux, & ses cheveux sont noirs. Elle aime à voir de belles femmes à sa Cout, & la plûpart de ses filles le sont. Le Prince Roïal est le seul enfant qu'Elle ait, car la Princesse Roïale mariée au Prince Héréditaire de Hesse-Cassel, est sortie de la premiére femme du Roi, qui étoit de la Maison de Bareith. Le jeune Prince a un apartement dans le Palais de Berlin : jusques à present, il n'a point eu de Maison à lui, si ce n'est Wosterhausen pour la Chasse. La Nature à uni en la personne de ce jeune He-

Heros des choses qui se rencontrent rarement dans un même sujèt, je veux dire un air mâle, avec toute la beauté & la modestie d'une fille. En vérité, c'est un Prince très-aimable, d'une grande douceur, & fort afable. Il a beaucoup d'esprit, s'informe de tout ce qui mérite d'être sû, & s'aplique assez bien à ses Etudes, sous la direction du Comte de Dhona son Gouverneur. Je l'ai souvent vû monter à cheval, & faire ses autres éxercices avec beaucoup d'aprobation. Il est un peu trop petit pour son âge, & aparemment il deviendra gros, néanmoins il est très bien pris dans sa taille. Au reste, il importe fort peu, comment il soit fait, pourvû qu'il puisse se garantir de la contagion des Flateurs, & des artifices dont on se sert ordinairement pour corrompre les jeunes Princes. Il s'apelle Frederick-Guillaume, & il est entré dans sa quinsiéme année. Le Roi a quarante six ans; & la Reine est presque à la fin de sa

trente

trente - quatriéme année étant née le 2. d'Octobre 1668.

Avant que de quiter tout - à - fait l'article des Maisons, il faut que je vous dise qu'en allant à Stettin dans la Poméranie Suédoise, je fus rendre mes devoirs au Prince Philippe, l'aîné des fréres du Roi, dans sa Maison de Schwedt, sur l'Oder, où je demeurai plusieurs jours. C'est un agréable endroit, tant à cause du voisinage d'un si grand fleuve, qu'à cause de la grande quantité de toutes sortes de gibier qu'on y trouve. Le Prince est un homme bien fait, plein de bonté, & généralement aîmé. La Princesse sa femme est cousine germaine du Roi Guillaume, de glorieuse Memoire, & sœur du Prince d'Anhalt Dessau. Elle est très belle, fort afable & d'une conversation charmante. Elle posséde mille belles qualitez; & est heureuse en enfans, dont elle a un assez grand nombre. J'aurai toute ma vie pour leurs Altesses tout le respect & toute

toute la reconnoissance que méritent les faveurs dont il leur a plû de m'honorer durant le sejour que j'ai fait en ce lieu. C'est un endroit que je ne pourai assurément jamais oublier ; car quoique ce soit une Cour, on peut néanmoins l'apeller une très belle retraite champêtre, & j'ai toûjours eu une forte passion pour ce genre de vie retirée, quoique je n'aimasse pas à être tout-à-fait seul. Les autres fréres du Roi sont les Markgraves *Albert*, & *Christian*, & sa sœur unique est Son Altesse Madame la Duchesse Douairiére de Courlande. Cette Princesse a un fils à qui apartient ce Duché ; mais ses Etats étant depuis quelques années dans une triste desolation, il ne subsiste proprement que des bien-faits de Sa Majesté, qui a eu la générosité de pourvoir à son entretien d'une maniére digne d'un grand Prince.

C'est à Berlin que le Roi tient ordinairement sa Cour, & principalement en Hiver. Cette Cour est grande & magnifique.

gnifique. Tout y brille d'or, d'argent & de joiaux. Les équipages sont somtueux, les Courtisans polis & civils aux Etrangers. Ils font honneur à leur Maître, à tous égards, & font voir en toutes choses qu'ils sont dignes des diférens emplois dont il les a honorez. Quelques Ministres Etrangers prétendent que ces Courtisans font des dépenses trop excessives tant en habits, que dans les solennitez publiques. Je ne prétens pas décider si c'est la raison, ou l'envie, qui les fait parler ainsi, mais je puis vous dire, en général, qu'il ne se peut pas que le Roi ne soit très bien servi; non seulement parce qu'il n'éléve aux emplois que ceux qu'il croit les plus capables de les remplir, mais aussi parce que la maxime fondamentale qu'il suit dans le reglement des affaires, est excellente. En effet non seulement ce Monarque veut que chacun s'aquite avec éxactitude & fidélité des fonctions de sa Charge, mais encore qu'il se renferme uniquement dans dens l'éxercice de cette Charge, sans faire aucune cabale ou intrigue, & sans se mêler en aucune façon des affaires d'autrui. Il n'est pas besoin que je vous parle de la bonté de ses Troupes ; puisque tant dans cette Guerre, que dans la précédente nous avons eu des preuves signalées de ce qu'elles sont capables de faire : personne ne le sait mieux que vous Monsieur, & qui que ce soit n'en peut mieux juger. Celles qui sont actuellement ici, & que j'ai vû passer en revûë devant le Roi, sont très-belles. Les Soldats qui les composent sont de beaux hommes, grands & vigoureux, très bien vêtus, & parfaitement bien armez. On ne peut rien voir de mieux discipliné, à ce que m'ont assuré quelques Généraux très-capables d'en juger. On louë beaucoup les Troupes qui sont en Prusse ; & on n'estime pas moins celles qui sont au service de l'Empereur. Je ne vous en dirai pas autre chose, parce que Mr. de Mortagne, qui

qui fait ici les fonctions de Secretaire d'Ambassade, vous a informé de leur nombre, & de leur état.

Entre toutes les observations que j'ai faites, depuis mon arrivée dans ce Païs, ce qui m'a le plus charmé, c'est le nouveau Réglement qui concerne la Milice. Ce projèt est digne du Comte de *Wartemberg*, qui l'a inspiré au Roi son Maître: on a déja commencé à l'éxécuter, & cela avec beaucoup de succès. De vieux Soldats ont soin d'éxercer souvent ceux qui composent cette Milice, dans les Paroisses où ils demeurent: Quelquefois, mais plus rarement ils doivent se trouver en quelque autre lieu, pour y être éxercez en Corps. La premiére année le Roi leur donne les habits de munition; après quoi ils sont obligez de s'habiller eux-mêmes, ce qui n'est pas une nouvelle charge pour les Sujèts, puis qu'en cette considération, Sa Majesté diminuëra quelque chose des impôts ordinaires. J'eus l'honl'honneur de ſuivre le Roi à Orange-bourg, lors qu'il y régala Son Alteſſe Roïale Sophie Electrice Doüairiére de Hanovre, ſa belle-mére. Cette illuſtre Princeſſe, qui eſt héritiére préſomptive de la Couronne d'Angle-terre, vient ordinairement tous les étez, pour paſſer quelque tems avec la Reine ſa fille; qui, en récompen-ſe, ne manque point de ſe rendre, vers le Carnaval, à Hanovre, lieu de ſa naiſſance, qu'elle aime avec autant d'affection, que ſi elle n'en étoit jamais ſortie. Le Roi reçut Madame l'E-lectrice, à la décente du Caroſſe; & en même tems on fit une Salve de trente-ſix piéces de canon, qui fut accompagnée des Fanfares de vint-quatre Trompettes, auſquelles on avoit joint deux paires de Timbales, & je ne ſai combien de Haut-bois. Devant la grand porte, on avoit poſté trois Compagnies, dont deux étoient de cette nouvelle Milice. Leurs habits étoient gris, doublez d'une étofe couleur d'Orange ; & au sentiment des connoisseurs, ces Compagnies ne le cédoient à aucunes Troupes réglées, pour le maniment des armes. Vous savez, Monsieur, que du vivant du Roi Guillaume, je publiai un Traité, intitulé *La Milice Réformée*. Mon unique dessein étoit de montrer que par le moien d'une Milice semblable à celle dont je viens de parler, on pouvoit non seulement pourvoir à la sureté de tout le Païs, & principalement des Garnisons, pendant l'absence des Troupes réglées, mais même qu'en cas de besoin, nous pourions en t'rer de bons Soldats pour recruter ou pour renforcer ces derniéres. On ne peut nier que cèt avantage ne fût très considérable, puis qu'une longue expérience nous apprend que les Princes qui n'ont que des Troupes réglées, courent risque d'être ruïnez, par la perte d'une seule Bataille, parce qu'il leur faut beaucoup de tems avant que d'être en état

de

de remettre en Campagne une pareille Armée ; au lieu que ceux qui ont soin d'éxercer, & de discipliner leur Milice, ne manquent jamais de ressource dans un semblable malheur ; puis qu'ils ont quantité de gens capables de porter les armes, qui étant déja instruits de la Théorie, aprennent bien-tôt la Pratique, comme je l'ai prouvé par l'éxemple des anciens Grecs, & Romains. Tout le monde sait que les Troupes victorieuses du Roi de Suéde, & les Levées inépuisables de la Suisse, ne sont autre chose que des Milices, qu'on éxerce continuellement, avec peu de peine, & fort peu de dépense. Tant que nos Rois ont eu en vûë l'établissement du Papisme, & du Gouvernement Arbitraire dans leurs Etats, la Cour s'est toûjours oposée à tous les projèts qui tendoient à armer le Peuple. Depuis que le Roi Guillaume eut rétabli nôtre Liberté presqu'entiérement détruite, ceux qui en étoient fâchez, ou qui n'aîmoient pas ce Prince, ne voulurent jamais consentir à l'armement des Sujèts, de peur qu'ils ne fussent en état de se garantir des sinistres desseins des mal-intentionnez. Et pour vous faire voir que je ne suis point partial, comme vous me le reprochez quelquefois, je veux bien vous avoüer que quelques-uns de nos Gentilshommes de Campagne, entendoient si peu ce qu'on leur proposoit, qu'ils s'oposérent à cèt établissement, pour de si pitoïables raisons, que j'aurois honte de les raporter, si elles pouvoient demeurer secrettes. Mais cela ne se peut, puis qu'ils les alléguérent publiquement dans la Chambre des Communes, à l'occasion d'un *Bill*, concernant le réglement de la Milice. Leur premiére raison étoit fondée sur la conservation de la Chasse, qu'ils prétendoient devoir être bientôt détruite, si on armoit tant de gens; comme si ceux qui ne sont point

point ſcrupule de violer les Loix qui défendent la Chaſſe, devoient s'en faire lors qu'il s'agiroit de chercher un fuſil pour les violer ; ou comme s'il eût mieux valu que le Peuple Anglois fût expoſé aux inſultes de ſes ennemis, que d'expoſer à ſa diſcrétion quelque petit nombre de Bêtes, & d'Oiſeaux. De plus, il eſt certain que cette crainte étoit très mal fondée, puiſque nous voïons que le Roi de Pruſſe a une bien plus grande quantité de Gibier dans ſes Etats, que nous n'en avons en Angleterre ; quoi qu'il ne prenne point d'autre précaution pour le conſerver, que celle de faire obſerver les réglemens qui ont été faits de tout tems ſur ce ſujèt. Leur ſeconde raiſon étoit l'apréhenſion d'augmenter le nombre des Larrons, ou des Voleurs de grand chemin. Mais en vérité, ces Meſſieurs n'y penſoient pas ? pour éviter un mal chimérique, ils en ont fait un très réel. En effet, ſi on ne peut pas dire

 qu'ils

qu'ils aïent mis les armes à la main des Voleurs, qui savent bien en trouver eux-mêmes, sans qu'il soit besoin de leur en donner, au moins ne peut-on disconvenir qu'en s'oposant à l'établissement de la Milice qu'on proposoit, ils n'aïent desarmé tous les honnêtes gens qui se font un devoir d'obéïr à la loi, & que de cette maniére ils ne les aient mis hors d'état de se pouvoir défendre, lors qu'on les attaque. Si au contraire, on permettoit à chacun d'avoir des armes à feu, les Voleurs seroient bien moins hardis, & auroient beaucoup plus de peine à éxécuter leurs criminelles entreprises, puisque les voisins seroient toûjours en état de se secourir l'un l'autre. Ces raisons & quelques autres de même nature alléguées par ces Messieurs sont si pitoiables, qu'on auroit pû s'imaginer qu'ils avoient quelques mauvais dessein en tête, si leurs autres actions ne nous assuroient pas du contraire. Aussi je leur rens la justice qui leur est dûë, & suis persuadé qu'ils pensoient ce qu'ils disoient, & qu'ils agissoient en cette occasion avec autant de sincérité, que ceux, qui par un prétendu zéle pour la Religion Anglicane, s'oposoient à l'armement des Non-Conformistes, quoi que ces derniers n'aïent pas moins à cœur l'abaissement de la France que les plus zélez Partisans de l'Eglise Anglicane. Mais pour revenir aux Milices du Roi de Prusse, je ne dois pas oublier de vous dire que les Régimens prendront leur nom de quelque Province ou Ville considérable ; ce qui produira de l'émulation parmi ces Troupes, & les engagera à faire tous leurs efforts pour s'égaler ou se surpasser les unes les autres, ne fût-ce que pour faire honneur à leur Païs natal. Je croi que ç'a été là la pensée du Roi de France, lors qu'il a suivi la même métode, en donnant le nom de ses principales Provinces aux vieux Régimens qu'il entretient en tems de Paix aussi-bien qu'en tems de guerre. Pour finir cèt article, j'ajoûterai seulement que ceux qui sont jaloux de l'agrandissement de la Maison de Brandebourg sont bien aise de faire croire qu'ils font peu de cas de ce nouvel établissement, mais tous leurs déguisemens ne leur seront d'aucune utilité. Car Sa Majesté qui juge sainement des choses, n'a garde de s'arrêter à l'opinion qu'ils peuvent avoir, & Elle est si ferme dans ses resolutions, qu'elle ne se laissera pas facilement détourner de l'éxécution d'un projèt qui contribuëra un jour si avantageusement à la prospérité & à la sûreté de ses Etats, aussi-bien qu'à la gloire & à la puissance du Souverain, qui n'a rien à craindre tant qu'il se fait un devoir de procurer le bonheur & l'avantage des Peuples que Dieu a confiez à ses soins.

J'espére, Monsieur, que vous serez en quelque façon content de ce que j'ai eu l'honneur de vous écrire; &

& que si l'ordre que j'ai tenu dans mes remarques, n'est pas tel qu'il seroit à souhaiter, cela n'empêchera pas que vous ne les lisiez avec plaisir. Au moins suis-je très persuadé que je ne pouvois vous mander de plus agréables nouvelles, puisque rien n'est plus propre à vous confirmer dans les sentimens de respect & de vénération, que vous témoignez en toutes occasions pour la personne sacrée du Roi de Prusse, qui assurément mérite, à juste titre, que vous aïez pour lui ces sentimens. Car outre, que l'intérêt de ce Monarque & celui des Etats étant inséparables, ils ne peuvent se passer à plusieurs égards de l'amitié, des conseils, & du secours l'un de l'autre, je sai de science certaine qu'il n'y a qui que ce soit en Angleterre ni en Hollande, qui connoisse mieux que lui, combien il est nécessaire de reprimer le Pouvoir excessif de la France; ni qui soit plus convaincu du danger auquel l'Europe se trouveroit exposée, si on ne prenoit pas de justes mesures pour s'opposer aux desseins pernicieux de cette Couronne. C'est-là ce qui rend Sa Majesté si zélée pour la cause commune; à quoi il faut ajoûter l'intérêt de la Religion Protestante qu'Elle a tellement à cœur; qu'on peut s'assurer qu'à tous égards, ce Monarque fera autant qu'aucun autre Prince, pour la conservation & l'affermissement de la liberté de l'Europe. Sa Majesté m'a fait l'honneur de me parler plusieurs fois sur ce sujèt; Son Excellence Monsieur le Comte de *Wartemberg* m'a entretenu très souvent sur la même matiére; & quoi que je n'aïe aucun Emploi public, c'est avec joïe que je me sers de cette occasion, pour vous informer des sentimens du Roi, & de ceux de son Ministre, qui assurément ne vous feront pas moins de plaisir qu'à moi, puisqu'ils sont si avantageux pour vôtre Patrie & pour la mienne. Sa Majesté donna, il n'y a pas long-tems une preuve autentique de ce que j'ai l'honneur de vous dire.

Je n'en parlerois pas ici, si ce n'est qu'elle détruit entiérement certains faux bruits que des esprits broüillons & mal intentionnez ont répandu dans le monde. Avec combien de générosité ce Prince ne refusa-t-il pas les offres très avantageuses que lui firent les François dans le tems même qu'ils étoient à Clèves & qu'ils ravageoient ce Duché? Ils s'étoient imaginé que le danger auquel ses Sujèts, & lui même se trouvoient actuellement exposez, l'auroient ébranlé, mais ferme dans la resolution qu'il avoit prise de procurer le bien public de la Chrêtienté, il contribüa plus qu'aucun autre Prince de l'Empire à abaisser l'orgueil de la France, en conseillant la continuation du Siége de *Keisers-waart.* En vérité on peut dire, sans flaterie que c'est uniquement à lui qu'on est redevable de la conquête de cette importante Place, puisque non content de s'opposer au sentiment de quantité de Généraux qui vouloient qu'on qu'on abandonnât, cette entreprise, il fournit encore à leurs Hautes Puissances & des Munitions & des Troupes, sans lesquelles on n'en seroit jamais venu à bout. C'est-là, selon moi, un service qu'on ne doit jamais oublier; car assurément rien ne pouvoit être d'une plus funeste conséquence que la levée de ce Siége, au commencement d'une guerre, dans les circonstances où l'on se trouvoit chez vous. Je ne vous ai rien dit du caractére des autres personnes que j'ai eu l'honneur de voir à la Cour de Prusse, parce que vous avez souhaité simplement que je vous parlasse de celles qui composent la Famille Roïale; & pour quelques autres particularitez que vous seriez peut-être bien aise de savoir, dispensez moi s'il vous plaît, de vous les dire presentement. Si Dieu me conserve la vie, je pourai quelque jour vous donner des Mémoires plus

plus étendus. En attendant je ſuis.

Monſieur,

Vôtre très-humble & très-obeïſſant Serviteur.

TOLAND.

RE-

RELATION

De la Cour de Hanovre, envoïée de Berlin à la Haye le 23. Septembre N. S. 1702.

MONSIEUR,

Uisque vous avez la bonté de m'assurer que ma Relation de la Cour de Prusse ne vous a pas été desagréable, j'aurai moins de répugnance à obéïr aux ordres que vous me donnez de vous dire quelque chose de celle de Hanovre. J'avouë néanmoins que je ne puis m'empêcher d'être extrémement embarrassé, & même d'avoir quelque honte de ma maniére d'écrire, quand je considére que j'ai l'honneur de parler

ler à une perſonne qui reçoit tous les jours des Depêches de gens infiniment plus habiles que moi. Lorſque je partis de Hollande, il y a un an, pour venir à Hanovre, je ne vis rien en chemin qui mérite vôtre curioſité; mais entre cette Ville, & Berlin, je fus touché d'un ſpectacle très triſte. En effet, ſi on ne peut s'empêcher d'être émû à la vûë d'une Squelette, ou d'un corps mort, combien plus ſenſiblement doit-on être affligé des ruïnes d'une grande Ville autrefois fort peuplée, & libre ! Vous ſavez, Monſieur, que Brunſwick étoit, il y a peu d'années, une Ville Impériale ou Hanſeatique. Tant qu'elle a été gouvernée en République, elle a toûjours été très floriſſante, le commerce y étoit très conſidérable, & ſa Banque avoit un bon credit. Mais les Ducs de Brunſwick faiſant revivre leurs prétentions ſur cette Ville, qui effectivement paroiſſent avoir été très juſtes, la prirent en peu de jours, aïant

aïant auparavant emprunté toute la poudre qui étoit dans la place, sous prétexte d'une autre Expedition. La faute que firent les Habitans de Brunswick, en se laissant si grossiérement surprendre, les a rendus tout-à-fait méprisables dans les autres Villes Impériales, jusques là que c'est faire injure à un homme que de lui reprocher qu'il est Brunswicien. Incontinent après la prise de cette place, tous les riches Marchands en sortirent pour se retirer, avec ce qu'ils purent emporter de leurs effets, les uns à Hambourg, les autres à Amsterdam, & dans les autres Villes de Commerce. La Banque s'évanoüit en un moment, pour n'y reparoître jamais, car c'est une sorte de plante, si j'ose me servir de ce terme, qui ne peut vivre une seule heure en Terre Arbitraire. En un mot tout alla en ruïne, & en desolation. Les Ducs de Wolfembutel possédent aujourd'hui la même étenduë de murailles, & peut-être le même

me

me nombre de ruës, mais on ne trouve plus dans cette Ville la vintiéme partie des Habitans, ni la centiéme partie des Richesses qui y étoient autrefois. Un grand nombre de maisons sont sans Habitans; & d'autres qui apartenoient à de riches Marchands, ne sont habitées que par de pauvres miserables, qui demeurent dans les plus bas étages, pendant que des apartemens magnifiques, de belles & grandes Cours, des Magasins & autres Offices, sont vuides, ou ne servent qu'à mettre du Houblon, du Blé, de la Paille, ou quelque autre chose de cette nature. On y trouve très peu de gens aisez, & le commerce qui s'y fait ne mérite pas qu'on en parle. Ce commerce est fort peu considérable en tout tems, mais il l'est encore moins durant les Foires qui s'y tiennent encore tous les ans, & qui ne sont plus proprement que des assemblées de divertissement, où la Noblesse & les Princes voisins viennent passer quelques jours. Cette te Ville est divisée en cinq Quartiers, dont chacun avoit autrefois sa Hale ou Fondique, outre la Maison de Ville qui leur étoit commune à tous. Aujourd'hui on fait une Boucherie d'un de ces Edifices publics; il y en a un autre qu'on a rempli de Houblon, dont on trouve ici une grande quantité qui sert à faire une certaine biére qui s'apelle *Mum*; & enfin du principal de ces Bâtimens, on en a fait un Théatre pour la representation des Operas. L'usage qu'on fait de ce dernier n'a rien qui doive surprendre, & est au contraire fort naturel; car il est certain que lors qu'une Ville libre tombe sous la domination d'un Prince Arbitraire, elle ne peut raisonnablement s'attendre à autre chose qu'à voir changer sa Maison de Ville en un Théatre, ou en un Corps de Garde. Mangeant à Brunswick avec quelques Officiers, je leur demandai comment cette Ville qui paroissoit avoir été autrefois beaucoup plus considérable, & plus

plus riche, étoit en si peu de tems, tombée en décadence. Un de ces Messieurs me répondit que *les Bourgeois étoient des coquins qui ne méritoient pas un meilleur sort, & qu'ils n'étoient jamais bons sujèts qu'on ne les eût rendus pauvres & misérables;* ce qui signifie, comme je le compris, qu'autrefois, ils faisoient tous leurs efforts pour s'assurer la joüissance & la propriété de ce qui leur appartenoit; & qu'à present ne possedant plus rien, ils n'ont plus lieu de s'opposer aux volontez de leurs Maîtres. Un autre de la Compagnie, qui aïant quelque Emploi, prétendoit être un fort grand Politique, dit qu'il étoit très certain que *les Bourgeois de Brunswick étoient d'insignes Fourbes; que pour en être pleinement convaincû, il sufisoit de considerer, que quand leur Ville fut prise, on n'avoit trouvé que peu d'argent dans leur Banque;* fâcheux contre tems! *desorte*, concluoit cèt habile homme, *que tout leur commerce n'avoit roulé que sur un crédit imaginai-*

 re.

re. Je lui répondis que ces Habitans aïant été informez des desseins qui se formoient contre leur Ville, avoient apparemment envoïé leur argent en d'autres Païs ; & que supposé que leurs effets ne répondissent pas à leur credit, cela leur étoit commun avec plusieurs autres, parce qu'on supose toûjours que ceux avec qui on négocie, ne démanderont pas tout ce qui leur est dû, tout à la fois. C'est ce que je ne lui pus jamais faire comprendre ; & lors qu'il me dit que le Prince leur avoit donné assez de tems pour païer leurs créanciers, mais que jusques alors, ils ne l'avoient pû faire, je lui répondis qu'il étoit alors trop tard, puisque leur union ne subsistoit plus, quoi qu'ils eussent peut-être encore le même nom. J'ajoûtai à cela que je ne doutois point que dans cette dispersion, où chacun ne pensoit qu'à ses propres intérêts, il ne se fût passé bien des choses qui n'étoient pas dans l'ordre, que peut-être même plusieurs par-

particuliers avoient agi de mauvaise foi, quoi qu'en Corps, ils pussent être de fort honnêtes gens. Car telle est la nature du Genre Humain, qu'il ne peut guére subsister dans son intégrité, à moins qu'il ne soit soûmis à des Loix équitables, & à de bons Réglemens.

C'est quelque chose de surprenant, Monsieur, de voir combien peu on entend le Commerce, dans la plûpart des Païs de l'Allemagne, & combien peu, on trouve au service des Princes, de gens qui sachent ce que c'est que *l'Aritmètique politique.* En vérité, le nombre est très petit de ceux qui savent passablement chifrer ou calculer; ce qui est très préjudiciable au Tresor, & fait que le Prince est souvent la Dupe des Entrepreneurs, & des Fermiers. Il résulte même de cette ignorance, des inconveniens encore plus considérables; c'est que dans les Traitez avec des Etats étrangers, il arrive souvent que ces Souverains sont

 trom-

trompez. Je vous demande pardon Monſieur, d'une digreſſion que je n'ai pû m'empêcher de faire, à l'occaſion de l'entretien que j'eus avec ces Officiers de Brunſwick.

L'année paſſée je demeurai cinq ou ſix ſemaines à Hanovre, dans le tems que le Comte de Macclesfield y vint de la part du Roi d'Angleterre, pour preſenter à la Princeſſe Sophie l'Acte paſſé dans nôtre Parlement l'hiver précédent, en vertu duquel Son Alteſſe, & ſes Décendans Proteſtans au défaut d'Héritiers iſſus du Corps de la Reine, doivent ſuccéder à la Couronne Impériale d'Angleterre, de France, & d'Irlande. Je ne pouvois jamais avoir une meilleure occaſion pour faire des remarques ſur cette Cour, & pour connoître le caractére des perſonnes qui la compoſent. A l'égard des Etats qui ſont ſous la domination de l'Electeur, j'en ai vû fort peu de choſe, excepté Hanovre. Vous pouvez voir ſur la Carte qu'ils ne ſont pas d'une petite éten-

étenduë, & qu'ils recevront une augmentation considérable par la réunion du Duché de Zell, qui doit se faire après la mort du Duc de ce nom qui est déja fort âgé. Tous ceux qui ont quelque emploi sous ce Prince ont déja prêté serment de fidélité à l'Electeur de Hanovre, sous de certaines conditions; & il ne se fait rien d'important à la Cour de Zell qu'avec sa participation, & de son consentement. Son Altesse Electorale & le Duc emploient les mêmes Ministres dans les Cours Etrangéres, ce qui fait voir que ces deux Princes n'ont point de secret l'un pour l'autre, ni d'intérêt séparé. En un mot, ils ont pris de si justes mesures, & ont si bien mis ordre à tout, que rien ne peut empêcher l'Electeur d'entrer paisiblement en possession de cèt Heritage; quoique de certaines gens qui ne souhaitent pas de bien à sa famille, aïent fait & fassent actuellement tous leurs efforts, pour mettre cette affaire en conteſtation. Je vous ai dit que je connois fort peu les Etats de ce Prince, mais une autre raiſon qui me perſuade qu'ils ſont conſidérables, c'eſt que Son Alteſſe Electorale a environ trois cens mille livres ſterling de revenu, ſans y comprendre ce qu'il aura un jour du Duché de Zell. On peut encore juger de la puiſſance de ce Prince & de la bonté de ſon Païs, par le nombre de Troupes qu'il fournit à l'Empire, pour ſa cotte-part, par celles qu'il prête aux Alliez, & enfin par celles qu'il entretient actuellement dans ſes Etats. Il tire encore un très grand profit des mines d'argent qui lui apartiennent, dans le *Hartz*, qui eſt une partie de la Forêt Hercinienne, au pié de la haute Montagne *Melibocus*, qu'on appelle aujourd'hui *Bokkenberg*. C'eſt là même dont Pline fait mention ; & qui fut autrefois la Patrie du fameux Heros Allemand *Arminius*, ou *Harman*. Enfin, ce n'eſt pas un petit avantage pour la Maiſon de Son

Alteſſe

Alteſſe Electorale, que l'Evêché d'Oſnabrug qui eſt poſſédé alternativement par les Proteſtans, & par les Catholiques Romains, doive toûjours être conféré à un Prince de Hanovre, lorſque c'eſt le tour des premiers; au lieu que les derniers, lorſque c'eſt à eux à remplir cèt Evêché, peuvent choiſir un Evêque entre toutes les perſonnes de qualité de leur Communion, & cela ſans aucune reſtriction. Cela fait que les Princes de Hanovre conſidérent, avec raiſon, cette Ville & cèt Evêché, comme faiſant partie de leurs Etats, & qu'ils en prennent d'autant plus de ſoin, éxigeant beaucoup moins des Habitans que ne feroient des Eccléſiaſtiques, qui ne poſſédant ce Païs qu'à vie, ne penſent qu'au tems preſent, & à leur profit particulier, ſans ſe mettre en peine de procurer l'avantage de leurs Succeſſeurs. A l'occaſion du droit que les Princes de Hanovre ont à cèt Evêché, leurs ennemis ont publié, comme on le peut voir dans plusieurs Libelles, que ces Princes sont si indifférens, en matiére de Religion, qu'ils élevent ordinairement un de leurs fils dans le Papisme, afin qu'il soit en état de posséder l'Evêché d'Osnabrug. Le Peuple, qui n'aprofondit pas les choses, s'imaginant que l'Evêque d'Osnabrug est toûjours Papiste, parce que le frére du Duc de Lorraine, qui posséde aujourd'hui cèt Evêché, est effectivement de la Religion Romaine; & entendant dire que plusieurs Princes de la Maison de Hanovre ont aussi été Evêques d'Osnabrug; il n'est pas difficile de surprendre ce Peuple, en lui insinuant une chose de cette nature, quoi qu'il n'y ait rien au monde de plus faux.

La Ville de Hanovre est située dans un Terroir sablonneux, sur la Riviére *Laine*, qui ne peut porter que de petites Barques. Elle est réguliérement fortifiée, & divisée en vieille, & nouvelle Ville; division qui est toûjours

toûjours une marque de la prosperité & du bonheur d'une Place. Les Apartemens du Palais sont très beaux, & magnifiquement meublez. C'étoit autrefois un grand Monastére, mais il a si bien changé de forme, qu'on n'y voit aujourd'hui aucune trace, de ce qu'il étoit alors. Il y a dans ce Palais un joli Théatre, & de belles loges pour les personnes de qualité. Tous ceux qui veulent y entrer ne paient rien, le Prince faisant seul toute la dépense, aussi-bien pour la Ville, que pour la Cour ; & c'est ce qui se pratique aussi dans quelques autres Cours d'Allemagne. Le lieu destiné, pour representer l'Opera dans le Château, est si bien entendu, & les peintures en sont si belles, que tous les Voïageurs le vont voir comme une rareté qui n'a point son semblable en aucun autre endroit de l'Europe. La Chapelle de l'Electeur est aussi très bien peinte, & certainement tout ce qui apartient à Son Altesse Electorale est dans le meilleur ordre

ordre du monde, comme je vous le dirai plus particuliérement tantôt. Sa Cour passe en Allemagne même pour la plus polie qu'il y ait en tout ce païs-là, & en effet elle l'est extrémement. L'ivrognerie qu'on prétend être la passion favorite des Allemans, & pour laquelle ils sont si fort décriez, est si éloignée de régner dans cette Cour, que je ne sache pas avoir jamais vû observer une plus grande sobrieté, ni un meilleur ordre dans une famille particuliére; quoi que néanmoins, on n'empêche en aucune façon de boire, ceux qui y trouvent du plaisir. Ce n'est pas à moi à juger de la réception qu'on fait aux Etrangers dans cette Cour; je vous dirai seulement qu'on invite ordinairement à la table de l'Electeur tous ceux qui font quelque figure, ou qui sont de qualité; & assurément ceux à qui on fait cèt honneur sont surpris de la maniére aisée, avec laquelle on s'y entretient, & charmez d'une Liberté, dont quiconque en

est

eſt digne, n'abuſera jamais. Aux heures deſtinées pour faire ſa Cour, tous ceux qui ont l'air d'honnêtes gens, s'y rendent ſans aucune contrainte. Et pourvû qu'ils ſachent ſeulement rendre aux perſonnes ce qui leur eſt dû, & faire la diſtinction qu'il faut des choſes, comme on ſupoſe que tous ceux qui viennent là en ſont capables, ils peuvent librement parler ſur toute ſorte de matiéres, même avec l'Electeur. Les Dames y ſont parfaitement bien élevées, obligeantes, & pluſieurs d'entre elles, belles. Madame de Kilmanſeg, fille du Comte de Plata, eſt une femme d'eſprit; & ſa belle ſœur, la jeune Comteſſe de Plata pouroit paſſer pour une Beauté, en quelque Cour de l'Europe que ce pût être. Les Filles d'honneur de Madame l'Electrice, ſont dignes du rang qu'elles tiennent, principalement Mademoiſelle Schulenburg, qui au ſentiment de pluſieurs perſonnes, auſſi bien qu'au mien, eſt

une

une perſonne d'un mérite extraordinaire. Tous les Gentilshommes qui ſont au ſervice de leurs Alteſſes ont autant que j'en puis juger, beaucoup de mérite, & de capacité. Je ne croi pas, Monſieur, qu'il ſoit beſoin que je vous diſe que le Comte de Plata eſt premier Miniſtre de Son Alteſſe Electorale. Pour ce qui eſt du Baron de Goritz, s'il s'eſt fait connoître à vous par ſa capacité dans les affaires d'Etat, il s'eſt fait connoître à moi par ſon eſprit, par ſa généroſité, & par mille autres belles qualitez qu'il poſſéde. Le Chancelier Monſieur Hugo eſt une perſonne d'un grand ſavoir. Sa capacité, ſon intrépidité, & ſon intégrité, dans les jugemens qu'il rend, l'ont mis ici ſur le même pié qu'eſt en Angleterre le Lord Chef de juſtice Holt. Pour faire voir qu'on ne manque pas ici de Savans, il ſuffira que je nomme Monſieur Leibnitz qui eſt Conſeiller-Privé de Son Alteſſe Electorale, & Aſſeſſeur dans la Cour
de

de la Chancellerie ; mais beaucoup mieux connu dans la République des Lettres par ses Découvertes dans les Mathémaiiques, & par son *Codex Diplomaticus*, ouvrage qui fait voir que l'Auteur n'a rien entrepris qu'il ne soit capable de bien éxécuter, lors qu'il a formé le dessein d'écrire l'Histoire de la Serenissime Maison de Brunswick Lunebourg. Je ne puis m'accommoder de ses Notions Métaphisiques, mais c'est peut-être, parce que je ne suis pas capable de les concevoir, & ainsi ce peut-être ma faute. Si je ne vous parle point de plusieurs autres Savans qui sont ici, ce n'est pas qu'ils ne le méritent bien, mais parce que vous ne me l'avez pas ordonné. Je ne pourois néanmoins, sans injustice, & sans ingratitude, passer sous silence le Baron de Braun un des Gentilshommes de l'Electrice Douairiére. Il est Saxon de naissance, a beaucoup de Savoir, & son dicernement surpasse encore son Savoir. Il est d'une fidélité

lité à toute épreuve pour les intérêts de sa Maîtresse : il aîme la Nation Angloise ; & s'il n'est pas un des plus grands parleurs de la Cour, c'est peut-être un de ceux qui observe le plus ce qui s'y passe.

La Religion dominante dans les Etats de l'Electeur est la Luthérienne, mais cela n'empêche pas que les Calvinistes, & les Sectateurs de quelque autre opinion que ce puisse-être, n'y joüissent d'une tranquilité parfaite, & d'une entiére liberté de conscience. Il sufit d'être bon Protestant pour avoir part à la faveur, & aux Emplois, aussi bien que ceux qui font profession de la Réligion Dominante. Madame l'Electrice a fait bâtir une jolie Eglise dans la Ville Neuve, pour les François Réfugiez, & le Roi Guillaume de Glorieuse Mémoire a contribüé à la dépense de ce Bâtiment. Quoique Son Altesse Electorale soit Calviniste, & qu'il soit à son choix de n'avoir auprès d'Elle que des personnes qui sui-

ſuivent les ſentimens de Calvin, néanmoins la plûpart de ſes femmes, & de ſes autres Domeſtiques ſont de la Réligion Luthérienne; & l'Electeur qui eſt Luthérien a pluſieurs Calviniſtes à ſon ſervice. Mais ce que j'aprouve ſur tout, c'eſt que leurs Alteſſes, pour donner un bon éxemple, & pour témoigner la véritable charité avec laquelle ils conſidérent ces petits diférens, qui ailleurs cauſent tant de diviſion parmi les eſprits, vont ſouvent enſemble dans une même Egliſe; & ce que je trouve encore de très ſingulier, c'eſt qu'on n'a jamais vû qu'aucun de leur ſuite ait fait la moindre difficulté de les accompagner dans l'une ou dans l'autre Egliſe, ou qu'il y ait jamais eu aucun dégoût ni aucune diſpute, à cette occaſion. Je vous demande pardon, Monſieur, ſi j'emploïe les mots de *Calviniſte* & de *Luthérien*, comme ſi la Réligion de qui que ce ſoit étoit fondée ſur l'autorité de *Martin Luther*

ou

ou de *Jean Calvin.* Pour parler, comme on parle en Allemagne, je devrois me ſervir des termes d'*Evangelique* & de *Réformé*, mais je conforme mes expreſſions au langage des autres Païs. Depuis le commencement de la Réformation, on n'a point vû de Société qui ait fait paroître plus de modération que le Clergé de ce Païs; mais cela n'eſt pas ſurprenant, lorſqu'on conſidére que ces Eccleſiaſtiques n'ont fait, à cèt égard, que ſe conformer aux ſentimens de la meilleure & de la plus ſage race de Princes qui ait jamais régné en aucun lieu. Ce que je dis ici de la bonté & de la ſageſſe des Princes de cette Maiſon, je l'ai entendu dire ſouvent à leurs ennemis mêmes. Le célébre *Calixtus*, qui fit tant d'efforts pour unir les deux Partis, étoit Profeſſeur dans l'Univerſité de Helmſtadt, Place qui apartient à la Maiſon de Brunſwick. La plûpart des Membres du Clergé ſont *Syncretiſtes*, nom qu'ils don-

donnent à ceux qui admettent à la Communion les Calvinistes, & les Luthériens indifféremment. Molanus, qui est l'Abbé Protestant, ou pour mieux dire, le Recteur d'un Collége, m'a assuré plusieurs fois qu'il communieroit volontiers avec l'Eglise Anglicane, dont il connoît fort bien la Liturgie, & le Service. C'est un homme d'une grande Litérature, qui amasse avec beaucoup de soin tout ce que la Nature produit de rare, & qui outre plusieurs Médailles anciennes a encore le meilleur recueil, qu'on puisse voir, de Médailles modernes, qui consiste en assortimens complèts de celles qui ont été frapées par la plûpart des Princes de l'Europe, & dont la plus grande partie est d'or ou d'argent, ce qui se monte à une prodigieuse somme. Tant les Princes que le Peuple ne peuvent assez s'étonner comment nous autres Anglois pouvons être si divisez, pour des choses de beaucoup moins d'importance ; ou comment il eſt poſſible que diférant entre nous, ſur des points ſi peu conſidérables, nous ne puiſſions pas nous empêcher de faire paroître tant d'averſion & d'animoſité dans nos paroles, & dans nos actions les uns contre les autres. Les Luthériens de Saxe, de Danemarc, de Suéde, & de quelques autres Lieux, ont tout un autre eſprit, & ſont plus rigides, ſi cela ſe peut dire, que les Papiſtes mêmes. Je vous en dirai la véritable raiſon une autrefois. Le Clergé paroît rarement à la Cour, ſoit à Berlin, ſoit à Hanovre ; & on n'auroit pas ici moins de ſcandale, ſi on voïoit des gens de leur caractére, ſolliciter de l'avancement, qu'on en auroit chez vous, ſi on les trouvoit dans les Tavernes ou dans les Maiſons de Caffé, ce qui en Hollande eſt une auſſi grande infamie pour les Eccléſiaſtiques, que s'ils alloient en Angleterre à la Comedie, ou dans d'autres lieux que la modeſtie ne me permet pas de nommer. Vous

Vous ne devez pas douter, Monsieur, que la Cour de Hanovre n'ait fait une reception très magnifique au Comte de *Macclesfield* ; & qu'une personne chargée d'une Commission pareille à celle qu'il avoit, ne dût être très bien venu. Vous souhaitez que je vous informe de ce qui s'est passé, en cette occasion, & je croi que c'est ici le véritable endroit de vous satisfaire. Ce Seigneur n'avoit aucun caractére particulier, mais le Roi l'avoit choisi pour aporter l'*Acte de Succession*, afin que la chose en fût d'autant plus agréable, étant presentée par une personne de cette qualité, & aussi parce que feu son Pére avoit eu quelque relation à la Cour de la Reine de Bohéme, & enfin parce que le Comte lui-même étoit un des hommes du monde qui avoit témoigné le plus de passion, pour la réüssite de l'affaire dont il s'agissoit. Pour rendre justice à sa mémoire, je me trouve obligé de vous dire que quoi qu'ordinairement, ce fût un homme ſans façon avec ſes amis, il s'aquita néanmoins de ſa Commiſſion d'auſſi bonne grace que qui que ce ſoit l'eût jamais pû faire, ſans ſe trouver aucunement embarraſſé d'aucune des cérémonies qui ſe pratiquent en ces ſortes d'occaſions. Qui que ce ſoit n'eût jamais pû faire plus d'honneur à ſon Roi, & à ſa Patrie, qu'il leur en a fait en éxécutant les Ordres dont il étoit chargé. En un mot, il ſe rendit ſi recommandable, à tous égards, à leurs Alteſſes Electorales, & à toute la Cour, que l'eſtime qu'on avoit pour ſa perſonne, & les marques qu'on lui en donnoit, ſurpaſſoient même les égards qui étoient dûs au Miniſtre d'un Prince à qui leurs Alteſſes, ſe croïoient autant obligez qu'ils le lui étoient éfectivement, & pour lequel ils avoient une ſi grande vénération. Il fut reçû par des Députez de la premiére diſtinction, ſur les Frontiéres du Païs, & il il fut défraïé lui, & toute sa suite, en chemin, jusques à ce qu'il fût arrivé à Hanovre. On lui donna dans cette Ville une des plus grandes maisons qu'il y eût, pour y loger, avec autant de Gentilshommes de sa suite qu'il lui plairoit de retenir auprès de lui, les autres aïant été logez dans des Maisons du voisinage aux dépens de l'Electeur. Pendant tout le tems qu'il fut à Hanovre, non seulement les trente ou quarante Gentilshommes qui l'avoient accompagné, y furent traitez, sans qu'il leur en coutât rien, mais même tous les Anglois qui passérent par là. Durant tout le séjour qu'il y fit, ce fut un Festin continuel; & je n'avancerai rien qui ne soit véritable, lors que je dirai que les deux grandes tables de l'Hôtel d'Angleterre, furent aussi somptueusement & aussi abondamment garnies le dernier jour que le premier. On donna à chaque Valet, sans exception, trente sols par jour à dépenser, aparemment parce que ne voulant pas, par un excès de civilité qu'ils mangeassent les restes de leurs Maîtres, on étoit bien-aise de s'épargner la peine d'aprêter à manger, pour eux en particulier. Les Bourgeois avoient ordre de ne prendre de l'argent d'aucun Anglois, pour le boire & pour le manger, en cas qu'il s'en trouvât quelqu'un qui voulût les obliger d'en prendre ; & cèt ordre fut éxactement observé. Les Domestiques de l'Electeur aportoient tous les matins à ces Messieurs jusques dans leurs chambres, du Caffé, & du Thé dans des pots d'argent, du Vin de Bourgogne, de Champagne, du Rhin ; & je puis dire que toutes sortes de Vins y étoient aussi communs que la Biére. On avoit assigné un certain nombre de Carrosses & de Chaises pour les porter tous les jours à la Cour, pour les ramener au logis, & pour aller par tout où ils jugeoient à propos. On leur donna

la

la Musique, le Bal, la Comedie; & il n'y avoit personne qui ne s'empressât à leur procurer quelque divertissement, & à les obliger en toutes sortes de maniéres. Le soir que Milord presenta à Madame l'Electrice *l'Acte de Succession*, il y eut un très beau Bal, où se trouvérent toutes les Dames, qui étoient d'une magnificence extraordinaire. Milord mangea souvent à la table de leurs Altesses Electorales, & il ne se passoit point de repas que quelques-uns des Gentilshommes qui l'avoient accompagné n'y fussent invitez, tour à tour. Ils étoient souvent invitez à manger chez les Ministres d'Etat; & je puis dire que dans ces sortes d'occasions, je ne sai pas qu'aucun se soit comporté autrement qu'il ne devoit; quoi que cela eût bien pû arriver, sans qu'on eût lieu d'en être surpris, la plûpart de ces Gentilshommes étant fort jeunes. Mais je défie un pareil nombre de jeunes gens, à moins qu'on ne les choisisse exprès, de s'aquiter mieux de tous les devoirs de la bien-séance, que ces Messieurs ne l'ont fait. La plûpart d'entre eux s'étoient rencontrez par hazard en Hollande & Milord Macclesfield, n'en avoit pas amené la moitié, à sa suite, en partant d'Angleterre.

Après avoir passé quelques jours à Hanovre, Milord se rendit à la Cour du Duc de Zell, & de là il fit un tour à Hambourg, où il fut regalé par la Compagnie de Marchands Anglois, qui le reçûrent dans leur Corps. Il revint bien-tôt à Hanovre, & lorsque le tems de son départ fut arrivé, Madame l'Electrice lui fit present de son portrait enrichi de Diamans. Au dessus de ce portrait étoit la Couronne Electorale aussi de Diamans; le tout estimé à plusieurs milliers de livres sterling. Le present de l'Electeur consistoit en un grand bassin, & une éguiére d'or massif, d'un fort grand prix; & celui du Duc de Zell en un grand nombre de

Mé-

Médailles d'or qui furent données à ce Seigneur, pour en disposer comme il le jugeroit à propos. Monsieur King, le Heraud qui apporta la Jarretiére à Son Altesse Electorale, eut aussi un très beau present. Ce fut Milord qui fit la cérémonie d'attacher la Jarretiére. Le Docteur Sandys son Chapelain, qui eut l'honneur de prêcher, & de lire la Liturgie Anglicane devant Madame l'Electrice, dans son Anti-Chambre, eut aussi un present. Cette Princesse fit elle-même les réponses, & s'aquita de toutes les cérémonies qui se pratiquent dans nos Eglises, avec autant d'éxactitude, que si elle y eût été accoûtumée toute sa vie. Cela n'est pas si surprenant, lors qu'on considére qu'Elle a toûjours eu nôtre Liturgie auprès d'elle, quoique je croïe que ç'a été la premiére fois qu'elle ait été lûë publiquement à Hanovre; ce qui fit que plusieurs personnes y assistérent qui n'entendoient pas un seul

mot

mot de ce qu'on lisoit. Son Altesse Roïale l'approuve extrémement, quoi qu'elle ne l'ait pas établie dans sa Chapelle, comme quelques esprits inquiets vouloient le lui persuader. La raison qui l'a empêchée de se rendre à leurs instances, c'est, comme elle le dit elle-même, qu'elle apprehenderoit qu'on n'en prît occasion de dire, qu'elle étoit auparavant d'une Réligion différente de la nôtre, si elle faisoit lire cette Liturgie, qui dans le fonds n'est qu'un établissement National d'Angleterre. On fit aussi un present à Monsieur Williams Secretaire de Milord; & pour ce qui est de moi, il plût à leurs Altesses de me donner des marques de leur faveur que je ne pretens pas avoir méritées, par aucun service que j'aïe jamais pû rendre à leur Maison, ou par quelque qualité personnelle qui pût me procurer cette distinction. Le present que je reçûs consistoit, en partie, en Médailles d'or; mais ce que j'estimé infiniment,

finiment, & ce que je conſerverai avec ſoin toute ma vie; c'eſt les portraits de la Reine de Pruſſe de Madame l'Electrice, de l'Electeur, & du jeune Prince qui leur reſſemblent fort bien. Milord Vicomte *Sea & Seal*, Milord *Mohun*, & Milord *Tunbrige*, reçûrent les honneurs qui ſont dûs à leur qualité, & furent traitez avec des marques particuliéres d'affection, & de confiance, comme des perſonnes tout à fait devoüées à la Maiſon de leurs Alteſſes Electorales. Et parce que Milord Mohun, dans ſa plus tendre jeuneſſe, & lorſqu'il n'étoit pas encore capable de bien choiſir les Compagnies qu'il fréquentoit, a eu le malheur de tomber dans quelques excès, je ſuis bien aiſe, Monſieur, de pouvoir vous dire, par ce que j'ai vû moi même, qu'aucun de ceux qui avoient accompagné Milord *Macclesfield*, ne s'eſt fait plus généralement eſtimer à la Cour de Hanovre, qu'il n'y en a point eu qui ait vêcu vécû plus ſagement que lui, ni qui ait fait paroître plus de politeſſe, & de jugement en toutes ſortes d'occaſions. En un mot il continuë à perſuader le monde de l'heureux changement de ſa conduite ; ce qui donne un nouveau relief à la réputation qu'il a commencé de s'aquerir dans la Chambre Haute du Parlement, dont il y a apparence qu'il ſera un jour un des plus grands Ornemens. Le Capitaine Tyrrel, Monſienr Godfrey, & le Chevalier André Fountain furent diſtinguez par Madame l'Electrice. En un mot je ſuis aſſuré, qu'il n'eſt parti perſonne de cette Cour, qui n'ait été très content de la reception qu'on lui a faite, & qui n'ait eu tout lieu d'être ſatisfait des maniéres obligeantes & des honnêtetez que les Habitans de Hanovre, à l'imitation de leurs Souverains, ont euës pour tous les Anglois, qui n'ont pas eu de peine à y faire de bonnes connoiſſances, Milord aïant toûjours eu à ſa table plu-

plusieurs personnes de la premiére distinction de la Cour. Je me souviens, Monsieur que vous étiez à Loo, lorsque ce Seigneur s'y rendit pour informer le Roi du succès de sa Négociation. Ce Monarque fut aussi satisfait de la conduite de son Ministre, que de l'heureuse réüssite de son propre Ouvrage. Ce fut là que Milord eut la bonté de me presenter à Sa Majesté dont j'eus l'honneur de baiser la main; ce Seigneur aïant eu la générosité d'effacer de l'esprit du Roi les mauvaises impressions que lui avoient pû donner de moi certaines gens qui tâchoient de le prevenir contre tous ceux qui témoignoient le plus de zéle pour son service, & qui étoient le plus attachez à ses intérêts. Milord Macclesfield lui-même étoit arrivé à Hanovre extrémement prevenu contre moi, mais aïant eu le bonheur de le desabuser entiérement, il devint mon Protecteur, & m'a toûjours témoigné beaucoup d'afection, jusques

à

à sa mort, qui a privé sa Patrie des services qu'il auroit pû lui rendre, & ses amis des bons offices qu'ils pouvoient attendre d'un Seigneur si généreux.

Vous aïant dit de quelle maniére Milord Macclesfield fut reçû à Hanovre, je vais presentement m'aquiter de la principale commission que vous m'avez donnée, qui est de caractériser les principales personnes de la Maison Electorale. C'est ce que j'ai dessein de faire avec autant d'éxactitude que de sincérité. Je n'ai pas besoin de vous dire, ce que tout le monde sait, que Madame l'Electrice Doüairiére la Princesse Sophie, est fille de l'infortuné Roi de Boheme, & de la Princesse Elizabet fille unique de Jaques premier Roi d'Angleterre. Je ne puis m'empêcher de vous dire, à cette occasion, que si ce dernier Monarque avoit pris le parti de son Gendre, & soûtenu sa cause avec autant de vigueur & d'affection que tous les Anglois vouloient qu'il le fît, & qu'il qu'il ne l'eût pas abandonné par une fausse politique, ou plûtôt par un défaut de bon naturel, soit qu'il fût porté à cela par un violent desir de marier le Prince de Gales avec l'Infante d'Espagne, ou par quelque autre motif encore plus pernicieux; si, dis-je il ne l'eût pas abandonné si lachement, selon toutes les apparences, sa postérité seroit encore sur le trône de Bohéme. Madame l'Electrice a soixante & treize ans, mais elle paroît encore si éloignée de cèt âge, que je n'oserois le dire, si je n'avois plusieurs garands de cette vérité. Elle a toûjours joui d'une santé parfaite, ce qui fait qu'elle est encore fort vigoureuse, a le visage extremement gai, & l'humeur très agréable. Elle marche aussi droit, & aussi fermement qu'aucune jeune Dame. Cette Princesse n'a pas une ride dans le visage qui est encore fort beau; Elle n'a pas encore perdu une seule dent, & elle lit sans lunettes. Je puis l'assurer,

 l'aïant

l'aïant vûë lire souvent qu'il étoit presque nuit, des lettres d'une écriture fort petite. Elle aime autant le travail que l'aimoit nôtre dernière Reine Marie; & en quelque endroit de son Palais que vous vous tourniez, vous y trouvez de son Ouvrage; jusques là que toutes les Chaises de la *Chambre de presence* sont de sa façon. Elle a aussi fait les Ornemens de l'Autel de la Chapelle Electorale. L'Abbaye Protestante, ou le Collége de Lockum a reçû un pareil present de l'Ouvrage de cette Princesse. Je pourois vous dire mille autres choses de cette nature qui témoignent combien Elle est appliquée au travail, mais ce seroit un sujet de conversation qui conviendroit mieux à Madame vôtre femme qu'à vous. Je n'ai jamais vû de personne qui aime tant à marcher, ni qui marche si long-tems de suite; pour peu qu'il fasse beau tems, il ne se passe point de jour qu'elle ne se promene une ou deux heures,

heures, & souvent davantage dans le beau jardin de *Hernhausen*, dont je vous parlerai avant que de finir. Elle lasse tous ceux de sa Cour qui la suivent dans ces promenades, excepté ceux qui ont l'honneur de l'entendre parler, & de s'entretenir avec Elle. Il y a long-tems que cette Princesse fait l'admiration de tous les Savans, & en vérité ce n'est pas sans raison, puisqu'on ne voit personne qui ait fait d'aussi grands progrès dans l'étude de la Théologie, de la Philosophie, & de l'Histoire, ni qui sache si bien de quoi traitent toutes sortes de livres, dont elle a lû un nombre prodigieux. Elle parle cinq Langues différentes avec tant de facilité, qu'à son accent, il n'est presque pas possible de savoir quelle est sa Langue maternelle. Ces différens langages sont le Hollandois, l'Allemand, le François, l'Italien, & l'Anglois. Elle parle ce dernier avec autant de pureté, & l'usage lui en est aussi facile qu'à aucun de nous qui sommes nez en Angleterre. Pour ce qui est de moi, j'avouë que c'est une chose qui me paroît extremement surprenante, que cette Langue lui soit si naturelle, quelque progrès qu'elle y ait pû faire dès sa jeunesse, dans les conversations qu'elle avoit avec la Princesse sa mére. Il s'en falloit beaucoup que feu le Roi Guillaume ne parlât l'Anglois aussi facilement & aussi naturellement. Quoique ce Prince eût pour Mére une Princesse née parmi nous, & de la même Maison Roïale, quoi qu'il eût été plusieurs fois en Angleterre, avant la Revolution, quoi qu'il fût marié avec une Angloise, & que sa Cour fût toûjours remplie d'Anglois, il n'avoit néanmoins jamais pû se défaire de son accent étranger. Mais pour Madame l'Electrice, elle est tellement Angloise dans sa prononciation, dans son air, dans ses maniéres, & en un mot à tous autres égards, qu'il ne lui manque rien de ce qui est essentiel

&

& particulier aux Habitans naturels de nôtre Ile. Elle s'est toûjours fait un plaisir de voir des Anglois à sa Cour, long-tems avant *l'Acte de Succession*. La forme de nôtre Gouvernement lui paroît admirable, & elle le connoît parfaitement bien. Quelque connoissance qu'elle en ait, il semble qu'elle aprehende toûjours d'ignorer quelque chose qui y ait rapport; en effet elle s'informe avec soin des familles, des Coûtumes, & des Loix; ce qui est une preuve autentique de sa profonde sagesse & de sa grande expérience. Je vous ai déja dit, Monsieur, que cette Princesse a pour l'Eglise Anglicane toute la vénération possible, sans que cela diminuë son affection & sa Charité envers les autres Communions Protestantes quelles qu'elles puissent être. A cela je dois ajoûter qu'elle est charmée de la modération de nos Evêques d'aujourd'hui, & de celle de quelques autres membres de nôtre Savant Clergé, admirant fur tout la charité Chrêtienne qu'ils ont témoignée, en approuvant fans répugnance la Liberté que les Loix ont accordée aux Proteftans non-conformiftes. Tous les Habitans des Etats de Hannovre adorent cette Princeffe pour fa bonté; & fon affabilité, qui n'eut jamais d'égale, lui gagne le cœur de tous les Etrangers, qui ont l'honneur de l'approcher. On ne s'informe point de quel parti font les Anglois qui viennent à fa Cour, & on ne met aucune différence entre eux, quoi qu'ils ne puiffent s'empêcher de faire connoître par tout où ils vont leur divifion & leur animofité, ce qui les rend quelquefois incommodes aux autres, & ne peut que leur caufer du chagrin à eux-mêmes. Ici, il fufit que l'on foit Anglois pour être bien reçû; & la précaution que l'on prend de les y traiter tous également bien, les empêche de découvrir qui font ceux qu'on y aime le mieux, des *Whigs* ou des

des *Torys*. C'eſt un ordre poſitif donné à tous les Domeſtiques qui ont ſoin de l'obſerver avec toute l'éxactitude imaginable.

Je fus le premier qui eus l'honneur de baiſer la main de Madame l'Electrice, & de la féliciter ſur ce que le Parlement venoit de faire, en ſa faveur, en faiſant *l'Acte de Succeſſion* qui la déclaroit Heritiére préſomptive, du Roïaume d'Angleterre. Elle me dit qu'Elle apprehendoit que la Nation ne ſe fût déja repentie d'avoir fait choix d'une vieille Femme, mais qu'Elle eſpéroit qu'aucun de ſes Décendans ne donneroit jamais ſujèt aux Anglois de ſe laſſer d'être gouvernez par des Princes de la Maiſon de Hannovre. Je pris la liberté de lui répondre, qu'avant que de ſe déterminer à ce choix, les Anglois y avoient trop bien penſé, pour pouvoir changer ſi tôt de ſentiment; & qu'ils ſe reſſouvenoient encore qu'ils n'avoient jamais été ſi heureux que ſous le Gouvernement d'une Reine. La conduite admirable & glorieuſe de la Reine Anne a parfaitement bien confirmé depuis ce tems là, ce que j'eus l'honneur de dire alors à Madame l'Electrice. Cette Princeſſe eſt partie depuis peu d'ici pour retourner à Hannovre. Elle jouït d'une ſanté parfaite que je prie Dieu de tout mon cœur de vouloir lui continuer long-tems.

L'Electeur George-Loüis naquit le vingt-huitiéme de Mai N. S. de l'année 1660. C'eſt un homme bien fait, de médiocre taille, bien proportionné, d'un abord facile, & qui a très bon air. Il ne prend guére d'autre plaiſir que celui de la Chaſſe: Son humeur reſervée fait qu'il parle peu, mais lors qu'il parle c'eſt toûjours avec beaucoup d'eſprit & de juſteſſe. Qui que ce ſoit ne ſouhaite plus ardemment que lui de faire échoüer le projet de *Monarchie Univerſelle* formé depuis long-tems par la France,

France ; aussi ne peut-on agir avec plus de passion, que le fait ce Prince, pour le bien de la Cause Commune. Je n'ai jamais vû d'Etranger qui connoisse aussi bien que lui la constitution de nôtre Gouvernement. Quoi qu'il entende parfaitement bien le métier de la Guerre, & qu'il ait un courage invincible, s'étant souvent exposé, comme vous le savez à de très grands dangers en Hongrie, sur le Rhin, & en Flandres, son inclination le porte néanmoins à aimer la Paix. L'expérience de tous les Siécles nous apprend que ce mélange de qualitez, qui paroissent en quelque façon opposées, est ce qui fait les meilleurs & les plus grands Princes. Il s'applique extremement aux affaires, & les entend parfaitement bien ; étant toûjours le premier à lire toutes les Depêches, & écrivant lui-même la plûpart de ses lettres. C'est à cela qu'il employe une partie fort considérable de son tems, seul dans son Cabinet,

binet, ou bien avec ſes Miniſtres. Son éxactitude à régler l'économie de ſes Revenus, égale ſon application aux afaires. Ces grandes occupations l'attachant beaucoup, il n'eſt pas ſurprenant qu'il ſoit quelquefois penſif. C'eſt ce qui me fait eſperer qu'il ne ſe trouvera point d'Anglois aſſez peu judicieux, pour attribuer la retenuë de ce Prince, à mauvaiſe humeur, ou à orgueil. C'eſt uniquement par un principe de modeſtie & de prudence qu'il eſt ſi reſervé; étant d'ailleurs fort aſtable à tous ceux qui ont l'honneur de l'approcher, mais attendant ordinairement qu'ils lui parlent les premiers. Voilà tout ce que j'ai pû découvrir de plus certain du caractére, de ce Prince, après m'en être informé éxactement de tous ceux qui le connoiſſent le mieux; & c'eſt auſſi ce que je ſai être, en partie véritable, par l'expérience que j'en ai faite. Maintenant pour revenir à ce que j'ai eu l'honneur de vous dire du bon ordre

dre qu'il obſerve dans ſes Finances, & pour vous en donner une preuve bien autentique, il me ſuffira de vous dire que tous les Samedis, au ſoir, on paye éxactement tout ce qui s'eſt dépenſé durant la Semaine, à la Cour, ſoit pour les vivres, ou pour le feu, les chandelles & autres choſes ſemblables. Les Officiers de ſon Armée ſont païez réguliérement tous les mois; auſſi bien que ſes Envoïez, & ſes autres Miniſtres, en quelque lieu de l'Europe qu'ils ſoient. Tous les Officiers de Sa Maiſon, en un mot tous ceux qui ſont ſur la *Liſte Civile* reçoivent leurs appointemens, tous les ſix mois. Cèt Electeur gouverne avec beaucoup d'équité, de douceur, & de prudence; auſſi peut-on dire, véritablement qu'il n'y a point de Prince au monde qui ſoit plus aimé de ſes Sujèts. Il n'y a aucune diviſion ou cabale entre eux, parce qu'il les favoriſe tous à proportion de leur mérite, ſans aucune prèven-
tion.

noit. Bien loin de médire de lui, ou de murmurer contre son Gouvernement, ils ne finiroient jamais, si vous aviez la patience de les entendre, lors qu'ils sont sur le Chapitre de sa justice & de sa moderation, particuliérement en ce qui concerne les Titres des Terres, ou quelque autre cause, sur laquelle il s'agit de décider entre lui, & ses Sujèts. Ce Prince entend déja l'Anglois, qu'il parlera avec assez de facilité, en peu de tems. Il passe une bonne partie de son tems à *Hernhausen*, maison de Campagne qui n'est qu'à une demi-lieuë de Hannovre. Le jardin est très beau; les machines dont on se sert pour faire joüer les Eaux, sont grandes & nobles; les Fontaines, & les Bassins fort larges; le Desert en est bien imaginé, & couvert d'une verdure perpetuelle. Pour affermir les Allées, on s'est servi d'un certain Gravier qu'on tire de la Riviére; l'Orangerie passe pour une des plus gran-

des

des de l'Europe. Les Cascades de ce Jardin sont belles ; on y a pratiqué un très beau Théatre, aux deux côtez duquel on voit des Berceaux & des Cabinets de verdure, qui servent aux Acteurs pour s'habiller, & se deshabiller. Le tout est orné de plusieurs belles Statuës, dont la plûpart sont dorées.

Le Prince Electoral George Auguste nâquit le 30. d'Octobre, N. S. en 1683. On ne peut rien souhaiter dans un Prince destiné à régner, que nous n'aïons lieu de nous promettre de celui-ci. Quoique vous l'aïez vû, permettez moi Monsieur de vous entretenir un moment sur un si agréable sujet. Ce jeune Prince gagne tous les cœurs par sa bonne mine ; il est de moïenne taille, aussi bien que son Pére ; il est bien fait, a l'air mâle, & malgré sa jeunesse, ses maniéres, ses discours, & ses actions le feroient prendre pour un homme fait. Il parle avec beaucoup de grace, & s'exprime avec la plus grande facilité du monde,

monde. Il a le tein blanc, & ses cheveux sont d'un brun-clair. On l'a élevé dans les Sciences, aussi-bien que l'Electeur son Pére qui parle Latin fort facilement. En un mot on a pris un très grand soin de lui faire apprendre tout ce qui peut rendre un Prince accompli; aussi faut-il avoüer que personne au monde ne réüssit mieux que lui dans tous les Exercices d'un Cavalier. Il a une grande connoissance de l'Histoire, pour son âge; & la curiosité extraordinaire avec laquelle il s'informe de tout ce qui y a rapport, aussi bien que de toute sorte d'autres matiéres, fait espérer qu'il n'ignorera rien de ce qui est utile à savoir. Ces belles qualitez jointes à un naturel généreux, & à des inclinations vertueuses, ne nous permettent point de douter qu'il ne soit un jour les Delices de nôtre Nation; & qu'il ne fasse honneur au Trône d'Angleterre par son grand Savoir. On ne peut s'imaginer avec combien

de

de facilité il apprend l'Anglois. Instruit par son illustre Aïeule à avoir une véritable estime pour les Anglois, il en a aussi appris à connoître nôtre Gouvernement, de la puissance, de la sagesse, & de la bonté duquel il a une très haute idée. Je vous avouë, Monsieur, que j'ai eu un très sensible plaisir de lui entendre faire, sur cette matiére, plusieurs demandes très judicieuses, & qui présagent assurément une grande pénétration, & une solidité peu commune. Je fus très surpris de voir qu'il eût déja tant de connoissance de nos affaires; mais il est vrai que sa vivacité ne lui permet pas de rien ignorer. Jusques à present ce jeune Prince a été éxemt de tout vice; & tout ce qui nous reste à souhaiter, c'est qu'il puisse se garantir des tentations qui accompagnent la Grandeur, & se défendre du poison des Flateurs qui sont la plus détestable peste de la Société, & qui ordinairement causent la ruïne des

Prin-

Princes, ou au moins les perdent de réputation. Avant que de finir sur le sujèt de ce jeune Prince, je ne puis m'empêcher, Monsieur, de vous faire souvenir de l'amitié avec laquelle le feu Roi le reçût à Loo, lorsque le Duc de Zell l'y amena. Cela vous fit tant de plaisir que vous ne pouviez vous lasser de me faire remarquer que ce Monarque le caressoit plûtôt avec la tendresse d'un pere, qu'il ne le traitoit avec les égards dûs à un Prince de son rang.

L'Electeur n'a point d'autres enfans, que ce Prince, & la Princesse Sophie Dorothée, qui nâquit le 16. de Mars N. S. l'an 1687. C'est une des plus aimables, & des plus charmantes personnes que j'aïe jamais vûës. Soïez très persuadé, Monsieur, que ce que je vous dis ici est très-véritable; & que je ne me suis point laissé éblouïr par sa haute naissance, ni par l'éclat du rang qu'elle tient dans le monde. La complaisance qu'on a coûtume d'avoir

voir pour le beau Sexe, ne m'engage pas non plus à parler de la sorte; mais je lui rens la justice qui lui est dûë. Sa taille est admirable, elle est assez grande pour son âge, & elle a l'air extremement doux, & engageant. Ses cheveux sont d'un beau brun, ce qui releve encore l'éclat de son tein; mais quoi qu'Elle l'ait extrémement délicat, il faut avoüer que rien n'est égal à la beauté de ses yeux, qui sont d'un bleu très vif; & qu'à cèt égard, elle l'emporte sur toutes les autres Dames de la Cour. Quant aux autres traits de son visage, pour vous faire voir que je ne puis me resoudre à flater, pas même une Princesse, je vous dirai que j'ai vû d'autres Beautez qui, à cèt égard, peuvent être mises en paralelle avec elle. Cependant, comme je vous l'ai déja dit, elle est assurément très belle, aïant les traits du visage fort réguliers. On lui a donné une éducation conforme à sa qualité; & pour vous le persuader, il suffira que je vous dise qu'Elle a été élevée sous les yeux, & sous la direction de son illustre Aïeule, dont l'exemple est le plus parfait modéle qu'une femme puisse se proposer, & imiter. Cette jeune Princesse a toutes les qualitez de l'esprit qui rendent une personne accomplie. Vous me direz peut-être que c'est là une chose à laquelle les Anglois ne prennent aucun intérêt : mais sans doute, Monsieur, vous changerez bien-tôt de pensée, si vous faites reflexion que le Prince Electoral venant à mourir sans enfans, malheur dont je prie Dieu de nous garantir, cette Princesse doit succéder à la Couronne d'Angleterre, préférablement à ses Oncles, & à tous ses autres Parens. Enfin pour rendre à chacun la justice qui lui est dûë, je ne puis m'empêcher de vous dire qu'après avoir éxaminé les discours que je lui ai entendu tenir, avec plusieurs personnes, & ce qu'elle m'a fait l'honneur de me dire

à

à moi-même, j'ai remarqué dans cette Princeſſe un jugement & un eſprit extraordinaires. La Ville, auſſi-bien que la Cour, louë extrémement ſa douceur, ſes maniéres aiſées, mais ſur tout la bonté de ſon naturel, & ſon humeur toûjours égale ; ce qui ſans contredit, eſt ce que l'on doit le plus eſtimer dans les deux Sexes, & d'où procédent la plûpart des autres vertus. Enfin lorſque je conſidére le mérite perſonnel de cette Princeſſe, & le rang que tient ſa Maiſon dans le monde, je ne puis que je ne ſouhaite de tout mon cœur, & que je n'eſpére même de la voir un jour Reine de Suéde.

L'Electeur a trois fréres, ſavoir le Prince *Maximilien Guillaume*, né le 13. de Décembre N. S. l'an 1666. Il eſt actuellement Officier Général au ſervice de l'Empereur, & je ne l'ai jamais vû. Celui qui ſuit eſt le Prince * *Chriſtian* qui ſert auſſi dans les

I 2 Trou-

* *Ce Prince a été tué depuis dans le Danube.*

pes de Sa Majesté Impériale. Il nâquit le 19. de Septembre N. S. en 1671. Le plus jeune de tous est le Prince *Ernest Auguste* ainsi appellé du nom de son Pére: Celui-ci, qui est né le 7. de Septembre N. S. de l'année 1674. fait actuellement la Campagne sous le Duc de Marlborough. C'est un Prince d'un naturel fort doux, qui a des qualitez fort loüables, & qui promet beaucoup. Son Altesse Electorale a eu encore deux autres Fréres qui ont été tuez en Hongrie, dont il vous importe fort peu de savoir les noms, ou l'âge.

Voila, Monsieur, tout ce que je puis vous dire de la Maison Electorale de Hannovre; en quoi j'ai été aussi éxact qu'il m'a été possible. Je puis me vanter de vous en avoir parlé sans prévention, & sans déguisement, selon les ordres que vous m'aviez donné, & conformément à mon inclination qui est entiérement éloignée de la flaterie. Je connois l'affection

fection que vous avez pour leurs Altesses, qui n'est pas fondée sur aucune espérance que vous aïez d'en recevoir jamais quelque Bien, la fortune dont vous joüissez, & le rang que vous tenez dans le monde, ne vous aïant rien laissé à desirer. Cette affection est d'autant plus forte, qu'elle procéde de la connoissance que vous avez du soin que ces Princes ont toûjours eu de procurer le bien de leurs Sujèts; & de la persuasion où vous étes, que devant un jour s'intéresser de plus près à la prospérité de vôtre République, ils seront encore plus en état, qu'ils n'y sont presentement, de protéger la Réligion Protestante, & de défendre la Liberté de l'Europe. C'est là ce qui me fait espérer que ma Relation ne vous déplaira pas, & que vous en excuserez les défauts; le peu de tems qu'il vous a plû me donner ne m'aïant pas permis de la rendre telle que je l'aurois souhaité. Après tout, si vous trouvez que je ſuis moins enclin à blâmer qu'à loüer, ce qui eſt tout-à-fait contraire à ce qui ſe pratique ordinairement, je vous prie de ne pas croire que j'aye pour cela plus de bonté que n'en ont les autres. Je ne le prétens aſſurément point ; cela procéde uniquement de ce que j'ai trouvé ici moins de ſujèts ſur leſquels je puſſe éxercer ma critique, que les autres Ecrivains. D'ailleurs je ne vous dis point que les Princes, & Princeſſes de cette Maiſon ſoient éxents de certaines foibleſſes qui ſont inſéparables de la nature humaine. C'eſt une choſe qu'on ne doit pas s'imaginer ; mais auſſi ces ſortes de foibleſſes ne méritent pas d'être relevées, lors qu'elles n'ont aucune influence ſur la conduite de ces Princes par rapport au public, & ſur tout ſi elles ſont compenſées, ou pour mieux dire éfacées par le grand nombre de vertus qui rendent ces perſonnes recommandables.

Il n'eſt pas beſoin, Monſieur, que je vous diſe que je n'ai point été banni de la Cour de Hanovre, ni de celle où j'ai l'honneur d'être preſentement, comme quelques uns en font courir le bruit en Angleterre, puiſque vous ſavez que c'eſt la choſe du monde la plus fauſſe. Mais quand même cela ſeroit vrai, je vous proteſte, que pour peu que je vouluſſe être équitable, je ne pourois pas vous faire un autre détail de ces deux Cours, que celui que je vous envoïe. Je n'ai plus qu'une choſe à ajoûter après quoi je finis. Je ſai que la même Cabale qui a fauſſement publié que j'ai été chaſſé de cette Cour, a auſſi fait tous ſes efforts pour inſinuer qu'il y avoit de la meſintelligence entre Sa Majeſté la Reine Anne, & la Maiſon de Hanovre. Peut-être ces eſprits inquiets, & broüillons ſe le ſont-ils perſuadé à eux-mêmes, parce qu'ils ſonhaitent paſſionnément que cela ſoit. Mais cela eſt si faux que je puis assurer qu'on a plus de respect pour la personne Sacrée de Sa Majesté, & qu'on rend plus de justice à son mérite, dans cette Cour, que dans ses propres Roïaumes. Il n'est que trop évident que plusieurs de ses Sujèts sont assez fous pour révoquer en doute la validité de son droit à la Couronne, & pour trouver à redire à son Gouvernement. Ici, au contraire, il n'y a personne qui ne soit très persuadé que jamais Princesse n'a eu de droits mieux fondez, & qui n'applaudisse de tout son cœur à la Sagesse avec laquelle cette Grande Reine gouverne ses Roïaumes. Mais entre tous ceux qui lui donnent des Eloges si justes, il n'y en a point qui le fassent plus volontiers, & plus sincérement, que ceux qui sont le plus capables d'en juger, & qui la considérent comme la Bienfaictrice de leur Maison. Ils sont si persuadez de son amitié, & de sa constance, qu'ils lui laissent absolument le soin de leurs in-

intérêts, sans se mêler jamais, comme l'ont fait d'autres Héritiers présomptifs, dans nos affaires Domestiques, & sans faire de Cabales, quoi qu'ils soient éxactement informez de tout ce qui se passe dans nos Parlemens. Il m'est absolument impossible de vous exprimer, le respect & la vénération qu'on a, à la Cour de Hanovre, pour la Mémoire du Roi Guillaume, le Restaurateur de la Liberté Angloise, & le plus ferme apui de celle de l'Europe. Outre la reconnoissance particuliére qu'ils sont obligez d'avoir pour ce Grand Monarque, ils ne cessent d'admirer ses vertus Heroïques. Je ne m'étendrai pas davantage sur ce sujèt, puisque vous n'ignorez pas, Monsieur, que non seulement dans cette Cour, mais même dans toute l'Allemagne on a eu une déférence entiére pour ce Prince, tant qu'il a vêcu. Si je ne me suis pas donné l'honneur de vous informer de certaines choses que vous souhaitiez ſavoir, je vous prie de me le pardonner ; & je vous promets de vous ſatisfaire dans la ſuite. Je ſuis,

Monſieur,

Vôtre très-humble & très-obeïſſant Serviteur,

TOLAND.

ADDI-

ADDITIONS.

LA derniére chose que fit le feu Roi Guillaume, en qualité de Roi, fut de donner son consentement Roïal, au *Serment d'Abjuration*, que nous allons insérer ici. Les forces de ce Monarque étoient tellement diminuées, ou pour mieux dire, il étoit si foible, que ne pouvant tenir la plume à la main, il fut obligé de se servir d'une Empreinte pour signer la Commission de ceux ausquels il donnoit pouvoir de passer cèt Acte en son nom. Ce fut le Samedi l'après dinée, & Sa Majesté mourut le lendemain huitiéme de Mars 1702. avant les neuf heures du matin. C'est ainsi qu'en rendant les derniers soupirs, ce Prince assura à la postérité, la possession

ſeſſion de cette précieuſe Liberté, pour le maintien de laquelle il avoit donné tant de Combats durant ſa vie; qu'il avoit établie & augmentée avec tant d'application dans ſes Parlemens; & dont la perfection étoit l'objèt continuel de tous ſes deſſeins & de toutes ſes demarches; A ſon avenement au Trône ce Monarque nous avoit promis d'aſſurer nôtre Liberté contre tous les Atentats qu'on pouroit former contre elle à l'avenir; & aſſurément perſonne ne peut nier qu'il n'ait obſervé fidélement ce qu'il nous avoit promis. Par là, il nous a fait devenir en effet, ce que nous avons ſouvent prétendu être, & ce que nous n'étions que dans nôtre imagination, les Arbitres de la Paix & de la Guerre entre les Potentats de la Chrêtienté.

Nôtre Très Excellente Reine Anne s'eſt propoſé le même but & ne le perd point de vûë : Elle ſuit éxactement les meſures de ſon Glorieux Prédeceſdeceſſeur, pour y parvenir; & à quelque égard, Elle eſt allée au delà des Souhaits de ce Heros. En effet, non ſeulement Elle a remporté ſur l'ennemi commun de l'Europe, des avantages incomparables ſous la conduite de ſon ſage, heureux, & victorieux Général le Duc de Marlborough, Prince du Saint Empire Romain; mais Elle a encore pris un ſoin tout particulier de conſerver la Succeſſion à la Couronne, dans la Ligne Proteſtante de la Sereniſſime Maiſon de Hanovre, par une *Clauſe* qu'Elle a paſſée en Loi dans la premiére Séance de ſon Parlement preſent, qui déclare coupable de *haute Trahiſon* quiconque s'oppoſeroit, ſoit de parole, ou par écrit, à cèt Etabliſſement ſi prudent, ſi néceſſaire, & ſi important, dans la conjoncture preſente. Pour la ſatisfaction du Lecteur, j'ai jugé à propos de joindre cette *Clauſe* au *Serment d'Abjuration* inſéré ci-deſſous. Faſſe le Ciel que Sa Majeſté ait un

Regne

Regne long & heureux ; afin qu'Elle ajoûte inceſſamment de nouveaux Trionfes à ceux qu'Elle a déja méritez par la défaite de Tirans cruels, & ſans foi ; qu'Elle ait la gloire de délivrer les Princes, & les Etats oprimez ; qu'Elle continuë à être le ferme appui de ce grand nombre d'Alliez, qui ont tant de confiance en Elle ; qu'Elle ſoit la protectrice de tous les Proteſtans, en quelques Lieux qu'ils ſoient, ſans diſtinction ; & enfin qu'Elle puiſſe toûjours faire joüir tous ſes Sujèts, ſans exception, d'une entiére Liberté, d'une proſpérité ſans bornes, & d'une Paix non interrompuë ! Amen.

Le Serment d'Abjuration.

JE N. N. reconnois, proteſte, certifie véritablement & ſincérement, & déclare en conſcience devant Dieu & les hommes, Que nôtre Souveraine Dame la Reine Anne eſt

eſt de droit Reine légitime de ce Roïaume, & de tous les autres Domaines, & Païs qui en dépendent.

Et je déclare ſolemnellement & ſincérement que je ſuis perſuadé en ma conſcience que la perſonne qu'on a prétendu être Prince de Galles, durant la vie du feu Roi Jaques, & qui depuis la mort de ce Prince, a prétendu être, & a pris le titre de Roi d'Angleterre, ſous le nom de Jaques III. n'a aucun droit, ou titre à la Couronne de ce Roïaume, ou des autres Domaines qui en dépendent, & je renonce à toute fidélité & obéïſſance qu'il voudroit éxiger de moi.

Et je jure d'être fidéle & loïal à Sa Majeſté la Reine Anne, laquelle je promets défendre de tout mon pouvoir contre toutes Trahiſons, Conſpirations & Atentats qu'on pouroit former contre ſa Perſonne, ſa Couronne, ou ſa Dignité; & je ferai tous mes efforts pour découvrir, & faire connoître à Sa Majeſté, & à ſes Succeſſeurs

cesseurs toutes Trahisons & Conspirations, que je saurai être formées contre Elle, ou contre aucun d'eux.

Et je promets sincérement & de bonne foi, d'apuïer, maintenir, & défendre de tout mon pouvoir la Limitation, & Succession de la Couronne, contre le dit *Jaques*, & contre toutes autres personnes quelles qu'elles puissent être, sur le pié qu'elle a été mise & limitée par un Acte intitulé, *Acte qui déclare les Droits & Libertez du Sujèt, & qui établit la Succession de la Couronne* à Sa Majesté la Reine Anne & aux Héritiers issus de son Corps, pourvû qu'ils soient Protestans; & de la même maniére que cette Succession est réglée par un autre Acte intitulé, *Acte pour une plus ample limitation de la Couronne, & pour mieux assurer les Droits & Libertez du Sujèt*; de la même maniére, dis-je qu'elle est limitée après le decès de Sa Majesté, & au défaut de Lignée de sadite Majesté, sur le pié qu'elle est

est destinée à la Princesse Sophie Electrice & Duchesse Douairiére de Hanovre, & aux Héritiers Protestans issus de son Corps.

Toutes lesquelles choses je reconnois sincérement, & de bonne foi, promettant & jurant de les observer fidélement, conformément aux paroles expresses que je vien de prononcer, & suivant la signification naturelle & le sens commun des dites paroles, sans aucune Equivoque, reservation mentale, ou autre subterfuge secret quel qu'il puisse être : Et je fais de bon cœur, volontairement & sincément cèt aveû, cette reconnoissance, cette abjuration, & renonciation, ce que je proteste en foi de véritable Chrêtien.

Ainsi Dieu me soit en aide.

Clause qui déclare coupable de Haute Trahiſon *quiconque s'oppoſe de bouche ou par écrit à la Succeſſion établie dans la Ligne Proteſtante.*

ET pour mieux aſſurer la perſonne de Sa Majeſté, & la Succeſſion de la Couronne dans la Ligne Proteſtante, & ôter toute eſpérance au prétendu Prince de Galles, auſſi bien qu'à tous autres prétendans, ou à leurs Partiſans ſecrets, & déclarez ; Qu'il ſoit de plus établi par la ſuſ-dite Autorité, que ſi quelque perſonne, ou perſonnes, en quelque tems que ce puiſſe être, après le premier jour de Mars de l'année mil ſept cens deux tâche de priver, de ſon droit, ou de s'oppoſer aux prétentions legitimes de la perſonne qui ſera la plus proche héritiére de la Couronne, & reconnuë pour telle conformément aux limitations ſpécifiées dans un Acte intitulé, *Acte qui déclare les Droits & Li-*

bertez du Sujèt, *& qui établit la Succession à la Couronne ;* & conformément à un autre Acte intitulé *Acte pour une plus ample limitation de la Couronne*, *& pour mieux assurer les Droits & Libertez du Sujèt* ; que dis-je telle personnes ou personnes qui voudroient empêcher cèt Héritier ou Héritiére, après le decès de Sa Majesté, que Dieu conserve, de succéder à la Couronne Impériale de ce Roïaume, & des Domaines & Territoires qui en dépendent, conformément aux Limitations des susdits Actes, c'est-à-dire l'héritier issu du Corps de Sa Majesté qui sera le plus proche héritier de la Couronne, en cas qu'il plaise à Dieu de donner Lignée à Sa Majesté, ou si Sa Majesté n'a point de Lignée, la Princesse Sophie Electrice, & Duchesse Douairiére de Hanovre, & après le Decès de ladite Princesse Sophie, le plus proche Héritier de la Couronne conformément aux Limitations spécifiées dans les Susdits

Actes ; & qui entreprendroient de renverser cèt Etablissement ou de s'y opposer en faisant quelque ouverture, démarche, ou action qui y fût contraire ; telle offence sera censée & reputée crime de *Haute Trahison*, & celui ou ceux qui auront commis telle *Ofense*, leurs Partisans, Instigateurs & Adhérans, ou ceux qui en auront eu connoissance, en étant convaincûs & atteints conformément aux Loix & Statuts de ce Roïaume, seront réputez & jugez Traîtres, & subiront la peine de mort, & tous leurs biens seront confisquez de la même maniére que cela se pratique dans les Cas de *Haute Trahison*.

Comme il a été beaucoup parlé dans cette Rélation, *de la Succession & des Successeurs à la Couronne d'Angleterre, le Lecteur Etranger ne sera peut-être point fâché, de trouver ici la Piece principale qui sert de fondement à tout cela, La voici.*

Adres-

Adresse du Parlement, contenant l'Acte, pour étendre la Succession à la Couronne d'Angleterre & pour mieux assurer les droits & les Libertez des sujèts.

D'Autant qu'en la premiére année du Régne de Vôtre Majesté & de feuë nôtre très-Gracieuse Souveraine la Reine Marie d'heureuse Mémoire, un Acte de Parlement avoit été fait, intitulé, *Acte pour déclarer les Droits & les Libertez des sujèts, & pour etablir la succession à la Couronne*, dans lequel, entr'autres choses, il avoit été établi, déclaré & passé en Loi que la Couronne & le Gouvernement Royal des Royaumes d'Angleterre, de France & d'Irlande, & des domaines qui en dépendent, seroient & continuëroient dans Vôtre Majesté & ladite feuë Reine, pendant leur vie & la vie de celui des deux qui survivroit, & qu'après le decès de Vôtre Majesté & de ladite Reine, ladite Couronne & Gouvernement Royal feroient & démeureroient aux Héritiers iffus du Corps de ladite feuë Reine, & au defaut d'une telle Lignée à Son Alteffe Royale la Princeffe Anne de Dannemarck & aux Héritiers iffus de fon Corps, & au defaut d'une telle Lignée aux Héritiers procréez par Vôtre Majefté: & il fut d'ailleurs paffé par là en Loi que toutes & chaque perfonne ou perfonnes qui feroient alors ou dans la fuite reconciliées au, ou qui auroient communion avec le fiége ou l'Eglife de Rome, ou qui feroient profeffion de la Religion Papifte, ou qui fe marieroient à des Papiftes, feroient exclus & rendus incapables pour toûjours d'Hériter, pofféder ou jouïr de la Couronne & du Gouvernement de ce Royaume, de l'Irlande & des Domaines qui en dépendent, ou d'aucune partie d'iceux, & d'avoir, fe fervir, ou éxercer aucun pouvoir, autorité ou Jurifdiction Roya-

Royale dans iceux : & que dans tous & chacun desdits Cas, les Peuples de ces Royaumes seront & sont par là absous de leur fidélité, & ladite Couronne & Gouvernement descendroient successivement & seroient possédez par telle personne ou personnes, qui étant Protestantes auroient hérité & joui d'iceux, au cas que ladite personne ou personnes, ainsi réconciliées, ayant communion, professant ou se mariant comme dessus, fussent naturellement mortes.

Après avoir fait un tel statut & l'établissement qui y est contenu, les bons Sujèts de Vôtre Majesté, qui ont été rétablis dans l'entiére & libre possession & jouïssance de leur Religion, de leurs Loix & de leurs libertez, par la Providence de Dieu, qui a beni d'un heureux succès les justes entreprises & les infatigables efforts, que Vôtre Majesté a fait pour cela, n'avoient point à espérer ou à souhaiter un plus grand bonheur temporel que celui de voir une Royale Lignée venant de vôtre Majesté (à laquelle, après Dieu, ils confessent devoir leur tranquilité, & dont les Ancêtres ont été, pendant une longue suite d'années - les principaux appuis de la Religion Réformée, & des Libertez de l'Europe) & de nôtre dite très-Gracieuse Souveraine la Reine Marie, dont la Mémoire sera toûjours précieuse aux Sujèts de ces Royaumes. Et comme il a depuis plû au Tout-Puissant de retirer de ce Monde nôtre dite Souveraine comme aussi Guillaume Duc de Glocester, qui donnoit de très-grandes espérances, & qui étoit le seul rejetton vivant de Son Altesse Royale la Princesse Anne de Dannemarck, au déplaisir & au regret inexprimable de Vôtre Majesté, & de vosdits bons sujèts, qui refléchissant avec douleur, par de telles pertes, qu'il dépend entiérement du bon plaisir du Tout-Puissant de prolonger les vies de Vôtre Majesté & de de Son Alteſſe Royale & d'accorder à Vôtre Majeſté ou à Son Alteſſe Royale une Lignée, qui puiſſe hériter la Couronne & le Gouvernement Royal comme deſſus, ſelon les établiſſemens reſpectifs contenus dans l'Acte ci-deſſus mentionné, implorent ſans ceſſe la Miſéricorde divine pour ces bénédictions : & leſdits Sujèts de Vôtre Majeſté, ayant une expérience journaliére du ſoin & de l'intérêt que Vôtre Majeſté prend pour la proſpérité préſente & future de ces Royaumes, & particuliérement par la recommandation que Vôtre Majeſté a faite, étant aſſiſe ſur ſon Trône, pour étendre la ſucceſſion de la Couronne dans la Ligne Proteſtante, pour le bonheur de la Nation, & la ſûreté de nôtre Réligion : & étant abſolument néceſſaire pour la ſûreté, la Paix, & la tranquilité de ce Royaume, de prévenir en icelui tous les doutes & diſputes, qui pouroient y ſurvenir, à cauſe de quelques prétendus titres à la Couronne; & de maintenir une certitude dans la ſucceſſion d'icelle, à laquelle Vos Sujèts puiſſent ſûrement avoir recours pour leur protection, au cas que la ſucceſſion établie par l'Acte ſuſmentionné vint à finir. A ces cauſes, pour une plus ample proviſion de la ſucceſſion à la Couronne dans la Ligne Proteſtante, nous les très-obéïſſans & très-fidéles Sujèts de Vôtre Majeſté les Seigneurs Spirituels & Temporels & les Communes, aſſemblez en ce préſent Parlement, ſupplions Vôtre Majeſté qu'il ſoit établi & déclare, ainſi qu'il eſt établi & déclaré par Sa Majeſté le Roi, par & avec l'avis & conſentement des Seigneurs Spirituels & Temporels & des Communes, aſſemblez en ce preſent Parlement, & par l'autorité d'iceux, que la très Excellente Princeſſe Sophie, Electrice & Ducheſſe Douairiére d'Hanovre, fille de feuë très-Excellente Princeſſe Elizabeth Reine de Bohéme, fille de feu nôtre

nôtre Souverain Seigneur le Roi Jaques Premier d'heureuſe Mémoire, ſoit & eſt par celle-ci, déclarée être la plus prochaine à la Succeſſion dans la Ligne Proteſtante; à la Couronne Impériale & à la Dignité deſdits Royaumes d'Angleterre, de France & d'Irlande & des Domaines qui en dépendent, après Sa Majeſté & la Princeſſe Anne de Dannemarck, & à défaut reſpectivement de Lignée de ladite Princeſſe Anne, & de Sa Majeſté. Et que dès & après le dècez de Sadite Majeſté, à preſent nôtre Souverain Seigneur, & de Son Alteſſe Royale la Princeſſe Anne de Dannemarck, & à défaut reſpectivement de Lignée de ladite Princeſſe Anne de Dannemarck & de Sa Majeſté, la Couronne & le Gouvernement Royal deſdits Royaumes d'Angleterre, de France & d'Irlande, & des Domaines qui en dépendent, avec l'Etat & dignité Royale deſdits Royaumes, & avec tous les Honneurs, Qualitez, Titres,

Titres, Régales, Prerogatives, Pouvoirs, Jurisdictions, & Autoritez qui en dépendent & qui leur appartiennent, sera, restera & continuëra à ladite Très-Excellente Princesse Sophie, & aux Héritiers issus de son Corps, étant Protestans : & c'est à quoi lesdits Seigneurs Spirituels & Temporels & les Communes, au Nom de tout le Peuple de ce Royaume, se soûmettent très-humblement & loyaument, tant eux que leurs Héritiers & leur Postérité, & promettent fidélement qu'après le décez de Sa Majesté & de Son Altesse Royale, & à défaut d'Héritiers, issus de leurs respectifs Corps, ils soûtiendront, maintiendront, & défendront ladite Princesse Sophie, & les Héritiers issus de son Corps, étant Protestans, selon la limitation & la succession à la Couronne ci-spécifiée & contenuë, de tout leur pouvoir & aux dépens de leurs vies & de leurs biens, contre toute personne que ce soit, qui attentera

tera quelque chose au contraire.

Bien entendu toûjours, ainsi qu'il est établi par celles-ci, que toutes & chacune personne ou personnes, qui hériteront ou pourront hériter ladite Couronne, en vertu de la Limitation de ce present Acte, qui est, sont ou seront réconciliées au, ou qui auront communion avec le Siége ou Eglise de Rome, ou qui feront profession de la Réligion Papiste, ou qui se mariéront à des Papistes, seront sujèts aux incapacitez, lesquelles dans tous & chacun desdits Cas sont déclarées, statuées & établies par ledit Acte susmentionné. Et que chaque Roi ou Reine de ce Royaume, qui viendra ou succédera à la Couronne Impériale de ce Royaume, en vertu de ce present Acte, prendra le serment du Couronnement, qui sera administré à Lui, à Elle ou à Eux, à leurs respectifs Couronnemens, selon l'Acte de Parlement, fait en la premiére année du Régne de Sa Majesté, & de

la-

ladite feuë Reine Marie, intitulé, *Acte pour établir le serment du Couronnement*, & fera, souscrira, & répétera la Déclaration mentionnée dans ledit Acte, rapporté en premier lieu ci-dessus, en la maniére & forme, qui y est prescrite.

Et d'autant qu'il est requis & nécessaire de pourvoir plus amplement à la sûreté de nôtre Réligion, de nos Loix & de nos Libertez, dès & après le décez de Sa Majesté & de la Princesse Anne de Dannemarck, & à défaut de Lignée respective, issuë du corps de ladite Princesse, ou de Sa Majesté, il est statué par Sa Majesté le Roi par & avec l'avis & consentement des Seigneurs Spirituels & Temporels & des Communes, assemblez en Parlement & par l'Autorité d'iceux.

Que quiconque viendra ci-après à la Possession de cette Couronne, se conformera à la Communion de l'Eglise Angli-

glicane, ainsi qu'elle est établie par les Loix.

Qu'au cas que la Couronne & Dignité Impériale de ce Royaume vienne à tomber à quelque personne, qui ne sera pas Native de ce Royaume d'Angleterre, la Nation ne sera point obligee de s'engager dans aucune Guerre, pour la défense de quelques Etats ou Territoires, qui n'appartiendront point à la Couronne d'Angleterre, sans le consentement du Parlement.

Que nulle personne qui viendra ci-après à la Possession de cette Couronne, ne sortira des Domaines d'Angleterre ou d'Irlande, sans le consentement du Parlement.

Que dès & après le tems que cette plus ample limitation faite par cet Acte, aura lieu, toutes les matières & affaires relatives au bon Gouvernement de ce Royaume, qui sont, selon les Loix & Coûtumes de ce Royaume, proprement du ressort du Conseil Privé, y seront traitées, & les Resolutions, qui y seront prises là dessus,

sus, seront souscrites par ceux du Conseil Privé qui y donneront leur avis & leur consentement.

Qu'après que ladite limitation aura lieu nulle personne hors des Royaumes d'Angleterre, Ecosse & Irlande, ou des Domaines qui en dépendent, quoi qu'Elles soient naturalisées ou dennisées, excepté ceux qui seroient nez de Pére & Mére Anglois, soit capable d'être du Conseil Privé, ou Membre de l'une des deux Chambres du Parlement, ou de jouïr d'aucun Office ou Charge de confiance, Civile ou Militaire, ou d'avoir aucune Concession de Terres, Maisons ou Heritages de la Couronne pour lui-même, ou pour aucun autre ou autres en Commission pour lui.

Qu'aucune personne qui a un Office ou Charge de profit sous le Roi, ou qui reçoit une Pension de la Couronne, ne sera capable de servir comme Membre de la Chambre des Communes.

Qu'après que ladite Limitation aura lieu, ainsi que dessus, les Commissions des

des Juges seront faites tandis qu'ils se comporteront bien, *& leurs salaires seront assurez & établis : mais il sera loisible de les déplacer sur une Adresse de l'une & l'autre Chambre du Parlement.*

Que nul pardon sous le Grand Sceau d'Angleterre sera allegué ou reçû contre une Accusation des Communes en Parlement.

Et d'autant que les Loix d'Angleterre, sont les droits naturels du Peuple dudit Royaume, & que tous les Rois & Reines qui monteront sur le Trône de ce Royaume, doivent le gouverner conformément aux dites Loix, & que tous leurs Officiers & Ministres doivent respectivement les servir selon les mêmes Loix : à ces Causes lesdits Seigneurs Spirituels & Temporels & les Communes, supplient aussi avec humilité que toutes les Loix & Statuts de ce Royaume, qui tendent à assurer la Réligion établie & les Droits & Libertez du Peu-

 ple

ple d'icelui, & toutes autres Loix & Statuts dudit Royaume, qui sont à present en force, puissent être ratifiez & confirmez : & suivant cela les mêmes sont par Sa Majesté, par & avec l'avis & consentement desdits Seigneurs Spirituels & Temporels & des Communes, & par l'autorité d'iceux, ratifiez & confirmez.

FIN.

BIBLIOTHÈQUE NATIONALE R.F. IMPRIMÉS

CATALOGUE DE LIVRES

Qui se trouvent chez T. JOHNSON, Libraire Anglois à la Haïe.

LExicon Universale Historic. &c. Hoffmanni.
Dictionaire Historique de Morrery, &c. derniere Edition, beaucoup augmentée & corrigée en 4 voll. folio.
Diction. Hist. & Critique &c. de M. Bayle, derniere Edit. 3. voll. folio.
Diction. Universel de la langue Françoise, de Furetiere, beaucoup augmenté par M. de Bauval, 3. voll. folio.
Diction. de l'Academie Françoise, 4. voll. folio.
Diction. ou Bibliothéque Orientale par Herbelot, folio.
Diction. Géographique par Baudrand, &c. 4.
Diction. Mathématique par Ozanam, 4.
Diction. d'Architecture Sculpture &c. par Felibien, 4.
Diction. de Marine François & Flamand 4.
Diction. des Antiquitez Romaines par Danet, 4.
Diction. Anglois & François par Boyer, 4.
- - - François, &c. par Richelet, 4.
- - - François Italien, par Veneroni, 4.
- - - Latin & François de Trevoux, 8.
- - - François, Latin, 8.
- - - Anglois & Latin, 8.
Diction. Espagnol & François, 4. Bruxelles 1706.
- - - François, Latin, Allemand, par Pomey, 4.
- - - François, Latin, Alemand, par Ducz, 2. voll. 8.
- - - Italien, François, Latin, de Widderhold, en 3. voll. 8.
- - - Du Voyageur Franç. Allem. Latin, &c. 8. en 2. voll.
- - - François, Latin, par Tachard, 4.

Diction. Latin, François, par Id. 4.
. . . François, Latin de Pomay.
. . . François, Latin, de Danet, 4.
. . . Latin, François, par Id.
. . . François, Flamand, Darsy, 4.
. . . François, Flamand, Halma, 4.
. . . Flamand, François, &c. P. Marin 8.
. . . Anglois, Flamand, Sewel, 4.
. . . *Latino Belgicum S. Pitisci*, 4.
. . . *Calepinus contractus Passerati*, 4.
. . . *Fabri Thesaurus Lingua Latina*, *folio*.
Atlas du Voyageur, composé des Cartes Géographiques de tous les meilleurs Auteurs, qui font les plus nécessaires pour l'intelligence des affaires du Monde à present.
Atlas Historique ou Introduction à l'Histoire à la Chronologie à la Géographie &c.
Elemens de l'Histoire &c. par Vallemont, 3. voll. 8.
Discours sur l'Histoire Universelle par J. B. Bossuet Evêque de Meaux, & Continuat. à 1700.
Clerici, *Compend. Hist. Universalis ab initio mundi ad Carolum Magnum.*
Turselini Compendium Hist. Universalis.
Justini Hist. Universal. ex Trogo Pompeio.
Puffendorf Introduction à l'Histoire de l'Europe.
Introduction à l'Histoire de l'Asie de l'Affrique & de l'Amérique &c. trad. de l'Anglois, sous presse,
Mercure Historique & politique, 49. voll. & tous les mois.
Mercure Hollandois, 13. voll. comp.
Lettres Historique &c. 28. voll. & tous les mois.
Esprit des Cours 13. voll. & tous les mois.
Histoire Grecque de Thucidide & Xenophon 12. 4. vol.
. . . d'Alexandre le grand par Quinte Curce.
. . . Romaine par Tite Live, 12. 8. voll.
. . . de Tacite par Ablancourt, 12. 2. voll.
. . . Id. Annales par Amelot, 12. 2. voll.
. . . Id. la Continuation sous presse.

des

- - - des XII. Cesars par Suetone, 12.
  Comment. de Cesar par Ablancourt, 12.

Histoire des Triumvirats &c. 12. 2. voll.
- - - Romaine par Démandes & Réponses,

Plutarque Hommes Illustres & Oeuv. melées par Amiot.
- - - Hommes Illustres par l'Abbé Talleman, 12. 8. voll.
- - - Id. Tom. I. par M. & Me. Dacier.

Histoire de Constantinople par Cousin, 10. voll.
- - - de l'Eglise &c. par Id. 6. vol.
- - - de l'Eglise par le Sueur.
- - - des Empereurs & de l'Eglise, par Tillemont.
- - - Ecclesiastique par Basnage, folio 2 vol.

Annales Politico Ecclesiastici &c. à Basnagio - Flotmanvilleo, &c.

Histoire des Juifs &c. par F. Joseph, trad. par Arnaud d'Andilly.
- - - de la Reformation d'Angleterre, par Burnet.

Histoire & Biblioth. des Auteurs Ecclesiastiques, par du Pin.
- - - de la Bible, par Basnage, fig.
- - - Du Concile de Trente, Fra. Paolo, trad. par Amelote de la Houssaïe, 4.
- - - Id. abregée par Jurieu, 12.

Histoire de l'origine de Naples & de Sicile.
- - - Vite dei Pontifici Romani, B. Platina.
- - - des Conclaves, 2. voll.

Histoire de Florence, par Machiavel, 12. 2. voll.
- - - de Venise, par B. Nani 12. 4. voll.
- - - du Gouvernement de Venise &c. par Amelot de la Houssaye, 12. 3. voll.

La Ville & Répub. de Venise, S. Didier 12.

Histoire d'Espagne abregée de Mariana &c. 12.
- - - de Portugal, par L. Neufville, 4.

Memoires de Portugal, par Ablancourt, 12.

CATALOGUE DE LIVRES.

Relation de la Cour de Portugal, trad. de l'Anglois, 12.
Mezeray Hist. de France, folio.
- - - Id. Abregée, 12. 7. voll.
Histoire de Henri IV., par Perefixe 12.
- - - de Loüis XIII. par le Vassor, 12.
- - - de Loüis XIV par Rabutin 12.
- - - du même, par le Gendre, 4. Paris.
- - - de France, du P. Daniel, 12.
- - - des Rois de la premiére Race, par St. Remy, 12. 2. voll.
Etat Present de France, 3. voll. 12.
Histoire d'Angleterre, par Larrey, folio 2. voll.
Baker's Chronikle of England, folio.
Tyrel's Hist. of Engeland, folio 3. voll.
Brady's Hist. of England, folio 2. voll.
History of England Abridged, 8. 2. voll.
Burnets Abridgement. of the Hist. of the Reformat. 8.
Cambdeni Annales Elisab. Reginæ.
Clarendons Hist. of the Civil wars &c. folio. 3. vol
Introd. à l'Hist. d'Angleterre, par Temple.
The present State of England.
Buchanani Historia Scotorum.
Olai Magni Historia Danica.
Etat de Dannemarck en 1692. par Molesworth.
Memoires de Dannemarck, &c.
Hist. des Revol. arrivées en Suéde sur le changement de Religion là, par l'Abbé vertat, 12.
Histoire de Gustave, &c. 12.
Puffendorf de Rebus suecicis &c. folio.
Histoire de la Lapponie, par Scheffer, 4.
Hartknoch Respublica Polonia.
Description de la Livonie, 12. Id. en Anglois, 8.
Heiss. Hist. & Etat de l'Empire d'Allemagne, 12. 3. voll.
Monzanbanus de Statu Imperij Rom. Germanici, 8.
Histoire des Provinces-Unies, par Grotius, folio.
- - - Id. continuée par Neufville, 12. 4. voll.

Vie

Vie de Guillaume III. par Samson.

Histoire des Provinces-Unies, par Jenete, 12. 4. voll.

- - - de la Paix de Nimmegue, par S. Didier.

Les Guerres de Flandre, &c. par Strada, 12. 3. voll.

Histoire Généalogique des Païs Bas, 4.

- - - des Turcs, abregée par Vanel, 12. 4. voll.

- - - des III. derniers Empereurs Turcs, par Rycaut, 12. 3. voll.

Etat present de l'Empire Ottoman, 12. 2. voll.

Histoire de l'Empire du Mogol, depuis sa Fondation, par Catrou, 12. 2. voll.

- - - des Yncas Rois du Perou, 12. 2. voll.

- - - des Guerres civiles des Espagnols aux Indes, 12. 4. voll.

- - - de la Conquête du Mexique.

- - - de la Conquête du Perou.

Voyage d'Espagne, par M. Dunois, 12. 3. voll.

- - - d'Italie, par Misson, 12. 3. voll.

Remarques faites dans un voyage d'Italie, en 1701. 1702. 1703. par M. Addison, livre très curieux, trad. de l'Anglois, sous presse.

Voyage à Constantinople, par Grelot, 12.

- - - de Grece &c. par Wheeler.

- - - ou Relation de Perse, par Sanson.

- - - au Levant, par Thevenot.

- - - d'Alep à Jerusalem, par Maundrel.

- - - En Egypte &c. de P. Lucas.

- - - ou Descript. des Côtes de Barbarie.

- - - ou Descrip. de Guinée, par Bosman.

- - - Description de l'Afrique, folio par Dapper.

- - - de l'Archipel, par Id. folio.

- - - de l'Asie, par Id. folio.

- - - à Siam, par le P. Tachard &c.

- - - de Siam, par la Louberre.

- - - en Chine, ou Memoires du P. le Comte.

- - - ou Description de Formosa, par Psalmanazar.

Description de Ceylon, par Knox, 12.

CATALOGUE DE LIVRES.

Histoire de Ceylon, par Ribeyra, 12.
Voyage de Japon, par les Ambassadeurs Hollandois.
- - - pour l'Etablissement de la Compagnie des Indes, 5. voll.
- - - autour du Monde &c. par Dampier.
- - - en Amérique, par T. Gage.
- - - en Amerique, par Lahontan.
- - - - - - par Hennepin.
Memoires de Bussy Rabutin.
- - - de Bassompierre.
- - - de Commines, 3. voll. Bruxel 1706.
- - - de Rochefaucaut, sur la Minorité de Louis, XIV.
- - - de M. L. C. D. R. &c.
- - - du Duc de Guise.
- - - de Beauvau sur Charles IV, Duc de Lorraine.
- - - de Chavagnac.
- - - d'Artagnan.
- - - p. l'Histoire de Hollande, p. Aubery.
- - - de la derniere Revolution d'Angleterre.
- - - de Ludlow sur les guerres civiles, sous Charles I. &c.
- - - de Melvill sur l'Ecosse, &c.
- - - & Negociations de Chanut en Suede.
- - - sur les affaires de la Chrétiente en 1676. &c. par Temple.
- - - pour l'intelligence de la Paix de Ryswick.
Espion Turc dans les Cours &c. 6. voll.
Guerre des Hollandois.
Vie de Turenne.
- - de Cromwel.
Vie d'Adam le premier homme.
The Life of J. Christ.
The lives of the Apostles.
Vie de Spinosa par M. Colerus sous presse.
- - d'Epicure.
- - & choses memorables de Socrate.
- - de Mahomet, par Prideaux.
- - de Moyse.
- - de David par l'Abbé Choisi.
- - de Sixte V. par Leti.
- - du Cardinal Ximenes, par Flechier.
- - du Cardinal Commendom, par Id.
- - de Charles Quint, par Leti.
- - du Duc d'Ossune, par Id.
- - du Cardinal de Richelieu, par M. L. C.
- - du Cardinal de Mazarin, par Aubery.
- - de J. B. Colbert &c.

Vie

CATALOGUE DE LIVRES.

Vie de l'Admiral de Ruyter.
- - de l'Admiral Tromp.
Leven en de Doodt van Cornelis en Jan de Wit.
Vie de Charles Duc de Lorraine.
- - du Prince de Condé.
- - des hommes illustres de Plutarque avec ses Oeuvres melées traduit par Amiot.
Vies des Hommes Illustres de Plutarque, par l'Abbé Talleman.
- - Id. par Mr. & Mad. Dacier, premier voll.
- - des Poëtes Grecs, par T. le Fevre.
- - des Peintres & Architectes, par Felibien.
Géographia Antiqua Cellarij.
Géographia Cluverii.
- - - *antiq. & nova a J. Luyts, &c.*
Géographie & Histoire, par Audifret.
- - - de la Croix.
- - - de Robbe.
- - - de Martineau de Plessis.
- - - Abregée, par A. F.
Grotius droit de la Guerre & de la Paix.
Puffendorf Jus Naturæ & Gentium, 4.
- - - *de Officio hominis.*
Les Loix Civiles dans leur ordre naturel.
Wicquefort Ambassadeur & ses Fonctions.
Walsingam Ambassadeur.
Sidney sur le Gouvernement.
Locke du Gouvernement civil.
Talon de l'Autorité des Rois.
Negociations de Jeanin.
Lettres du Card. d'Ossat, & Notes d'Amelot.
Tibere, par Amelot.
Le Prince de Machiavel.
Education d'un Prince, par Varillas.
- - - des Filles par l'Abbé Fenelon.
L'Education des Enfans, par Locke.
Essai Philosophique, par Id.
Recherche de la vérité, par Malebranche.
- - - Id Entretiens sur la Métaphisique & sur la Religion.
- - - Id Traité de la Nature & de la Grace.
L'Art de Penser.
L'Art de Parler.
Clerici opera Philosophica, 4. voll.
Ejusdem Ars Critica, 3. voll.
Philosophie de Regis.
Physique de Rohault.

De-

CATALOGUE DE LIVRES.

Descartes Oeuvres Philosophiques.
Histoire de la Medecine &c. par le Clerc.
Histoire & Memoires de l'Academie Royale des sciences, pour les années 1699. 1700. 1701. 1702. 1703. 5. voll. 4. par M. de Fontenelle.
Regia Scientiarum Academia Historia usque ad annum 1701. a J. B. du Hamel, 4.
Journal des Savans depuis 166. jusqu'à present. 12 33 voll.
Bibliotheque Universelle, par M. le Clerc &c. 22. voll.
- - - Choisie, par Id. 8. voll.
Nouvelles de la République des Letres.
Histoire des Ouvrages des Savans.
Mémoires pour les sciences & les beaux Arts &c. à Trevoux, reimprimé à Amsterdam, 7. voll.
Abridgement of Sr. Rob. Boyles works.
Oeuvres Posthumes de Rohault.
Elemens de Mathematique, du P. Lamy.
Ozanam Cours de Mathématique.
- - - Recrations Mathématiques, 2. voll.
- - - Algebre, 2. voll.
Elemens de Mathématique, par Prestet.
Travaux de Mars, 3. voll 8.
Geometrie pratique, 4 voll. par Mallet.
Description de l'Univers, 6. voll.
Fortification de Coëhorn.
- - - Attaque & deffense, par Goulon.
Fortification, par Dechales.
- - - de Vauban.
- - - de St. Julien.
Arts de l'homme d'Epée.
Memoires de l'Artillerie, par S. de S Remy, 4 2. voll.
Le Parfait Maréchal, 4.
Architecture de Vignole, 4.
- - - - de Vitruve &c, folio.
La Rétorique d'Aristote.
L'Art Poëtique d'Aristote, par Dacier.
Traité du Poeme Epique, par le Bossu.
Dacier Horace.
- - Terence.
- - Plaute.
- - Aristophanes.
- - Sophocles.
- - Platon.
- - M. Antonin vie & morale.
- - Anacreon & Sappho, &c.

BIBLIOTHEQUE NATIONALE R.F. IMPRIMÉS

www.ingramcontent.com/pod-product-compliance
Ingram Content Group UK Ltd.
Pitfield, Milton Keynes, MK11 3LW, UK
UKHW020953230726
13923UKWH00007B/307

9 782016 188606